출판사 편집장이 알려주는

책쓰기부터
책출판까지

출판사 편집장이 알려주는 책쓰기부터 책출판까지

초판 1쇄 발행 2021년 1월 29일

지은이 송현옥
편집인 옥기종

펴낸곳 도서출판 더블:엔
출판등록 2011년 3월 16일 제2011-000014호

주소 서울시 강서구 마곡서1로 132, 301-901
전화 070_4306_9802
팩스 0505_137_7474
이메일 double_en@naver.com

ISBN 979-11-91382-00-6 (03320) 종이책
ISBN 979-11-91382-50-1 (05320) 전자책

출판사
편집장이
알려주는

책쓰기부터
책출판까지

독자에서 저자로 성장하는 즐거운 과정의 모든 것

| 송현옥 지음 |

더블:엔

❖ 출판사 더블엔의 투고원고 검토 체크리스트

분 야	더블엔이 올해 주력하는 분야의 책인가?	
주 제	저자의 정체성과 책의 주제가 어울리는가?	
	차별화 포인트, 한 줄 요약 했을 때 매력적인가?	
저 자	책이 나온 후 책과 연계해 활동범위가 넓어질 가능성이 있는가?	
	다작은 배제, 1년에 여러 종 출간 (주제가 너무 동떨어지면 내용의 깊이가 없어 보이고 주제가 너무 비슷하면 차별점이 없어 보임)	
독 자	누가 읽을 것인가?	
내 용	자랑 일색이 아닐 것 (읽기 피곤)	
	인용 비중이 낮을 것 (누구의 책인가?)	
	내 이야기 내 생각보다 카더라가 많지 않을 것	
필 력	다음 글이 궁금하고 계속 읽고 싶은가?	
시 각	저자만의 독특한 시각이나 견해가 드러나 있는가?	
일 정	저자의 희망 일정 vs. 출판사의 출간 가능 일정	

예비작가의 미리 체크리스트 ❖

분 야	나는 어떤 분야의 책을 쓰고 싶은가?	
저 자	나는 어떤 사람인가?	
	다양한 정체성 중 무엇을 강조하고 싶은가?	
주 제	나는 무엇에 대해 쓰고 싶은가?	
	나의 정체성과 책의 주제가 어울리는가? (프로페셔널이 아니어도 좋다. 초보 마니아의 글, 덕후의 글도 충분히 강점이 있다)	
	책이 나온 후 이 책과 연계해 활동범위가 넓어질 것인 가? 작가 타이틀만 얻으면 되는 것인가?	
독 자	누가 읽으면 좋겠는가?	
내 용	독자들이 나의 글에서 무엇을 얻기를 원하는가?	
	내 자랑, 배우자 또는 자식 자랑이 너무 많지 않은가? 또는 반대의 경우는 아닌지?	
	다른 도서와 자료 인용으로 원고를 많이 채우지는 않았는지?	
필 력	내 글을 읽은 사람들이 책 써보라고들 해주는지? 나는 글을 웬만큼 쓰는가? 아니라면 연습이 필요하다. (좋아하는 작가의 책 필사를 권해드립니다)	
시 각	나만의 독특한 시각이나 견해를 드러낼 것인가? 아니라면, 어떤 책이 될 것 같은가?	
일 정	시기와 상관없는 글인가? 시기적인 내용이라면 스케줄을 어떻게 잡을 것인가?	

저는 더블:엔 출판사의 편집장이자 대표입니다.

작은 출판사의 성향은 곧 대표의 성향인데 재미있는 텍스트에 푹 빠져들고, 예쁜 디자인을 좋아하며, 첫 책 내는 신인저자와 함께하는 신선함을 즐깁니다.

더블엔은 더블:en인데요. energy와 enjoyment에서 가져온 2개의 en이라는 뜻을 담고 있습니다. 열정과 즐거움이 가득한 책!을 만들고자 합니다. 카테고리로 하면 '열정'은 자기계발, 성장, 돈과 성공, '즐거움'은 에세이와 취미, 실용, 건강 정도로 분류해볼 수 있습니다.

읽기와 쓰기, 사람에 관한 주제를 좋아하고, 빌 브라이슨식 글맛을 사랑합니다.

3년이나 걸렸습니다.

3년 전, 김우태 작가님의 《내 인생의 첫 책쓰기》를 만들 때였습니다.

저자가 '저자' 입장에서 "나는 이렇게 첫 책을 썼다" "나는 이렇게 출판사 문을 두드려 책을 출판했다"를 말씀하시는데, 문득 '책을 내고 싶은 사람이라면 출판사 사람의 말도 듣고 싶지 않을까' 하는 생각이 들었습니다. 그래서 작가님과 의논하여 본문 2장 〈책을 내는 방법〉에서는 저자의 글이 한 꼭지 끝날 때마다 '편집장' 생각을 달기로 했습니다.

그런데 막상 두 페이지씩 열 꼭지의 글을 쓰려고 하니 잘 써지는 글도 있지만 그렇지 않은 부분도 있어서 부담이 되기 시작했습니다. 괜히 한다고 했나, 기왕 하기로 했으니 하다 보면 보람차겠지, 마음이 왔다갔다 했더랬습니다. 그렇게 〈책 만드는 더블:엔 편집장의 원고선택 tip 10〉을 책에 수록했습니다.

대부분 더블엔의 상황이며 더블엔 편집장의 생각이니, 출판사 구조와 책이 만들어지는 시스템이 대략 이렇구나, 정도로 참고하시라고 넣은 글인데, 출간 후 많은 독자들이 "저자와 편집자의 콜라보가 참 좋았다"고 해주셨습니다.

아, 이 주제로 책을 한 권 써야겠다 마음을 먹고 틈틈이 데스크탑과 노트북 여기저기 글을 써서 폴더들 안에 저장해 두었습니다. 그리고 흩어져 있던 글을 모아 지난해 초, 러프하게 원고 작성을 마쳤습니다.

이러고도, 8개월이 더 걸렸습니다!

원고 초안을 쓰고, 지인들의 피드백을 받아놓고, 다른 책 만드느라 내 책 진도도 못 나가고 컴퓨터 파일로 고이 8개월을 잠자고 있었더랬습니다. 본격적인 퇴고를 하지 못하고, 결국 저의 첫 책을 공저로 출간했습니다. 제가 몸담고 있는 모임인 '내 인생에 다시없을 1년 살기'에서 지난해 모임명과 같은 제목으로 책을 출간했습니다. 6인이 함께하고 마감일을 정하니 2주 안에 초고가 써지더군요. 그리고는 다시 본업에 충실하며 제 글쓰기는 멈춰 있었습니다.

책쓰기 전성시대이지만 제가 몸소 체험해보니 책쓰기는 정말 험난한 산을 넘어야 가능한 일이었습니다. 하면 할수록 높아지는 자기검열의 산, 달리지도 않은 악성댓글을 미리 걱정하는 나약함의 산, 투고원고에 제대로 제때에 답도 못하며 출간일정에 허덕이면서 '이렇게 책쓰세요~, 하고 말하는 책'을 펴내는 모순의 산, 원고 미루고 쌓아둬도 아무도 재촉하고 뭐라 하지 않는 게으름의 산… 이것들을 저녁형 인간인 제가 새벽형 인간으로 습관을 바꾸면서 드디어 넘어섰습니다. '1년 살기' 모임 안의 새벽기상 모임 '눈부신 새벽을 함께 깨우는 우리'의 66일 프로젝트를 신청, 도전!했습니다. 그래서 이 책이 세상에 나올 수 있게 되었습니다.

이 책을 집어든 여러분도 생각만 오랫동안 하셨다면, 이제 시작을 해보시면 되겠습니다.

'나는 전문가도 아닌데 책을?' 또는 '글쓰기도 아니고, 책을 써도 될까?' 생각이 왔다갔다 하시죠? 언젠가는, 하고 미루지 말고 지금 시작해보세요. 원래 전문가보다 애호가, 마니아들이 할 말이 더 많고, 스타터들에게 필요한 것들을 더 쉽게 잘 챙겨줄 수 있습니다.

편집자 경력은 20년이 넘었지만, 이 책을 쓰는 저 또한 저자로서는 '첫 책'을 내는 초보자입니다. 독자 여러분과 한 발 한 발 같이 걷는다는 마음으로 글을 썼습니다.

우리는 이제 전문가의 콘텐츠와 마니아이자 초보진입자의 콘텐츠를 함께 보며 다양한 시각을 얻고자 합니다. 그 콘텐츠의 한 형태인 '책'을 통해 긴 글도 읽어내고 생각하는 시간도 많이 가질 수 있으면 좋겠습니다.

책쓰기 책이 이미 많이 나와 있지만, 나만 쓸 수 있는 글이 있을 거라고 생각했습니다. 3년의 시간이 그냥 흘러간 것만은 아닐 거예요. 생각이 더 단단해질 수 있었고, 약한 마음이 조금 작아졌고, 머뭇거리는 많은 예비작가님들께 힘을 주고 싶다는 욕심은 커졌습니다. 그렇게 책쓰기에 필요한 내용과 출판사 계약 및 책 출판 후 홍보에 관한 내용을 넓고 얕게 정리해보았습니다.

이 책에는 독립출판, POD 출판, 자가출판을 제외한, 철저히 일반 출판사에서 판매와 수익창출을 목적으로 단행본 출판을 원하는 예비작가들을 위한 내용을 담았습니다.

독자 여러분의 새롭게 시작될 작가 인생을 응원합니다.

차 례

PART 002

출판 계약 잘하고 멋진 책 만들기

이 책을 편집하며

———————

- 보조용언과 전문용어는 띄어 쓰지 않고 붙여 썼습니다.
- 글쓰기, 책쓰기, 책출판 등의 용어는 이해도를 높이기 위해
  관용적으로 붙여 썼습니다.

PART 001

책쓰기에 관한
넓고도 얕은 내용들

왜 책을 내려고 하는가

: 근사한 이유 vs. 솔직한 이유

책을 쓰기 전, 가장 중요한 질문입니다.

"왜, 책을 내고 싶으신가요?"

이 '왜'를 알아야 어떤 책을 어떻게 쓸 것인지 진도를 나
갈 수 있습니다.

• 책을 많이 읽으며 입력이 많아지니 뭔가 출력을 하
고 싶어졌을 수도 있고,
(독서법이나 독서모임, 또는 '지대넓얕' 같은 책이 나올
수도 있습니다)
• 블로그나 브런치 등에 올린 글이 반응이 좋아서 기

왕 쓴 글 묶어서 책을 내고 싶을 수도 있고,

(어떤 글이 반응이 좋았는지, 그 주제로 압축해서 글을 다시 쓸 수도 있고, 주제가 압축되었다면 반응 좋았던 그 글들을 앞부분으로 배치하는 게 좋습니다)

• 옛날부터 책 한권 내고 싶었는데 지금 안 하면 못할 것 같아서 시작하고 싶을 수도 있으며,

(지극히 개인적인 내용도 요즘은 잘 팔립니다. 《죽고 싶지만 떡볶이는 먹고 싶어》가 그렇게 잘 팔릴 줄 누가 알았을까요. 76세에 그림을 그리기 시작해서 101세까지 그림을 그린 모지스 할머니에게서 우리는 지금이라도 늦지 않았으니 시작해도 되겠다는 희망을 얻습니다)

• 어떤 경험을 하고 난 후 함께 나누고 싶어서,

(《미움 받을 용기》로 유명해진 기시미 이치로는 50세에 심근경색으로 쓰러져서 수술을 위해 잠시 심장을 멈춰야 했던 경험으로 '나이듦'에 관한 책 《마흔에게》를 집필했습니다. 사실 이 책은 '마흔에게' 전하는 메시지라기 보다는 (원제: 나이드는 용기) 50~60대를 위한 잘 늙어가는 삶에 대한 내용이 주를 이룹니다. 60대 노

인이 80~90대 부모를 간병하는 삶에 대한 내용이 많은
데, 우리의 삶이 일본과 비슷한 면이 많아서인지 집중
해서 읽을 만합니다)

• 아니면 하고 있는 일에 가속도를 내거나 전문성을
더 확보하기 위해 책을 쓰고 싶을 수도 있을 것입니다.
(강의를 하시는 분들은 특히, 책 한 권 있느냐 없느냐
에 따라 달라지고, 반대로 강의를 더 가열차게 하기 위
해 책을 쓰고 싶은 분들도 계시죠)

대략 뽑아본 예인데, 아마 더 많은 이유가 있을 겁니다.
책을 쓰는 저자는 "왜 쓰고 싶은지"를 알아야 하고, 또 표
현할 줄 알아야 합니다. 그래야 출판사가 그 책을 "왜 내야
하는지"와 연결이 될 수 있습니다. 운이 좋아, 막연히 원고
를 쓰고 투고를 했는데 출판사에서 연락이 와서 계약을 하
고 책이 출간될 수도 있습니다. (운이 좋다는 말이 실력이
나 노력이 부족해도 가능하다는 뜻은 아닙니다. 실력에 노
력에 운까지 좋으면 정말 금상첨화입니다. 운은 아무에게
나 찾아오지 않으니까요) 그래도 저자가 미리 준비하는
"왜"(출간 의의)는 출판사 편집자의 "왜"(매출목표)와 독자

의 "왜"(읽고 싶은 욕구)까지 자연스레 이어지므로 반드시 준비하는 것이 좋습니다.

'내 책' 한 권 갖고 싶어서, '나도 작가'라는 타이틀이 근사해서 책을 내고 싶을 수도 있습니다. 판매와 상관없이 지인에게 선물도 좀 하고 나도 보관해놓고 싶어서 책을 내고 싶으실 수도 있습니다. 괜찮습니다. 저자는 소극적으로 독자층을 예측 못할 수도 있지만, 눈 밝은 편집자가 독자층을 잘 잡아서 편집할 수도 있으니까요. 아, 물론 정말 독자가 없을 거 같아 편집자의 선택을 못받을 수도 있습니다. '팔리는 책' 또는 '팔리는 책의 작가'가 아닌 '책'과 '작가'가 목표라면 어렵지 않습니다. 자비 전문 출판사에서 제작비를 부담하고 출판하면 됩니다.

그러나 내가 비용을 들이지 않고, 일반 서점에 수많은 책들과 함께 오래 누워 있는 책을 출판하고 싶다면 먼저 생각해야 할 중요한 부분이 있습니다. '이 책을 누가 읽을까?' '누가 살까?' 입니다. 글을 쓰는 저자뿐 아니라, 출판사가 가장 많이 생각하는 부분이 바로 이 지점입니다. 출판사는 '팔리는 책'을 만들어야 합니다. 디자인, 편집, 종이, 인쇄, 제본,

물류비를 부담해서 만든 책은 손익분기점을 넘어야 수익이 발생합니다. 판형과 분량, 흑백이냐 올컬러냐 등 책마다 다르지만 대략 1,000부~1,500부가 팔려야 손익분기점입니다. 그 이상의 판매량을 예측한다면 출판사는 출간하고 싶어 합니다. (출판사 예측이 다 맞으면 정말 좋겠습니다. 그러면 돈 못버는 출판사는 없을 테니 말입니다)

그래도 책을 내고 싶은 이유를 찾기 어렵다면, 사실 이유는 있는데 표현하기 좀 애매한 경우일 것입니다. 그러면 근사한 대외적 이유와 솔직한 대내적 이유(개인적인 욕심 등)로 두 가지 버전을 잡으셔도 됩니다. 우선 잡고 가는 겁니다. 처음에 잡는 이러한 출간 의의 및 제목 등은 추후 글을 써나가며 수정될 수 있고, 편집 과정에서도 수정될 수 있으니, 부담 갖지 말고 재밌게 써보시면 되겠습니다.

저는 주변의 작은 부추김과 소소한 응원에 힘입어 시작을 했지만, 글을 써나가며 이 책을 통해 '더블엔'과 '더블엔의 책'을 알리고 싶다는 목표와 명분을 추가했습니다. 많은 투고원고에 대한 답신도 제대로 못하면서 이런 책을 쓰는 게 맞나, 하는 생각이 수시로 발목을 잡았습니다. 하지만 투고를 많이 받겠다는 목표가 아니라, 20년 넘게 책을 편집해온 실무자의 시각을 궁금해하고 도움이 될 독자분들이 조금은 계실 거라는 생각으로, 저 또한 용기내서 한 글자 한 글자 원고를 썼습니다.

자, 그럼 여러분의 책 쓰는 "why"를 한번 적어보시고, 다음 내용으로 함께 출발해보기로 할까요.

나는 왜 책을 내려고 하는가

글쓰기와 책쓰기
: 누군가가 읽는 글을 쓴다는 것

글쓰기는 아무 때나 아무 제약 없이 할 수 있습니다. 일기도 좋고 블로그나 브런치 글도 좋습니다. 그런데, '책쓰기'에 들어가면 머리가 새하얘지기 마련입니다. 누가 내책을 읽는다? 아니, 먼저 내 책이 나왔다고 가정하면, 누가 서점에서 돈을 내고 내 책을 사고 내 글을 읽는다? 라고 생각하면 손이 덜덜 떨리실 거예요. 저도 그랬습니다. (왜 악성리뷰가 달리면 어쩌지 하는 생각을 먼저 하는 걸까요)

글쓰기는 일상이 된 지 오래죠. 우리는 인스타그램에 사진을 올리며 간단한 문구 하나를 쓰더라도 좀 더 감각적으로 또는 멋지게 쓰려고 생각하고, 업무 메일을 보낼 때에도 건조하게 사실만 전달할 것인지 사실전달과 함께 안부인사겸 따스한 메시지를 쓸 것인지를 고민하고, 온라인 모임 및 각종 오프라인 모임의 온라인 창구에서도 많은 글과 댓글을 쓰고 있습니다.

우리는 맞춤법 틀리면 '좀 없어 보이는' 시대에 살고 있습니다.

군이 회사에서 기획서나 제안서, 프레젠테이션 자료를 만드는 업무를 하고 있지 않아도, 글을 잘 쓰는 사람은 뭔가 달라도 달라 보입니다. 학문만 가르칠 것 같은 하버드에서 전교생에게 '글쓰기 수업'을 한다는 사실을 내세워 많은 글쓰기 책들이 출간되기도 했습니다. 이젠 글쓰기의 탄력을 받아 책쓰기 시대에 접어든 지도 좀 되었습니다.

글쓰기와 다른 책쓰기의 진입장벽은 바로 '독자'를 생각하며 글을 써야 하는 데 있습니다. 글쓰기와 책쓰기가 다른 점은 여기서 출발합니다.

내 감정을 쭉쭉 풀어내거나 오늘 하루의 일을 기록하는

의미에서의 글쓰기가 아닌, 누군가 내 글을 읽는다고 생각을 하며 책쓰기를 하게 되면 일단 머릿속이 바빠질 수밖에 없습니다. 저는 이 글을 쓰며 '책을 출간하고 싶어 하는 분들'이라는 명확한 독자를 생각합니다. 연령층이나 성별, 직장 여부와 상관없이 '출간하고 싶어 하는 욕구'를 가진 독자에게 말을 건다 생각하고 쓰다가, 점점 그 폭을 좁혔습니다. '30~40대 엄마들의 책쓰기 소모임에서 입소문으로 번져나가는 책쓰기 가이드북!'으로 목표를 잡으니 옆집 엄마 '선희씨'가 읽을 책이라고 생각하고 쓰게 됩니다.

예를 들어 '영어공부법'에 관한 책을 쓴다고 해보면, 학생을 대상으로 하는지 (초중고 누구를 대상으로 하는지 상세하게 나누는 게 좋습니다), 직장인을 대상으로 하는지 (상식 영어 또는 이메일 업무 영어 또는 특정 직장인 대상 등으로 나눌 수 있겠습니다) 아이와 여행하고 싶어 하는 엄마를 대상으로 하는지 (현지에서 필요한 여행자 생활영어) 등 독자의 폭을 좁히는 것이 좋습니다.

이렇게 독자를 정하고 원고를 쓰기 시작할 때, 프로그램은 한글도 좋고 워드도 좋습니다. 익숙한 프로그램으로 쓰면 되는데, 혼자 쓰면서 완성하는 게 아닌 사람들의 반응과 피드백을 받아가며 쓰고 싶다 하시면 카카오에서 운영하는 플랫폼 '브런치'를 강력추천해드립니다.

책쓰기에 아주 좋은 플랫폼입니다. 브런치에 작가등록을 해서 글을 하나씩 올려보는 경험을 해보세요. 블로그가 글쓰기에 적합한 플랫폼이라면 브런치는 책쓰기, 책출간에 적합한 플랫폼입니다. 작가등록을 하기 위해 이것저것 정리하다 보면 마음가짐과 생각도 정리되고, 블로그와 달리 브런치에 글을 올리면서는 모르는 대중들이 읽는다는 부담감에 처음에는 조금 어려울 수 있습니다. 그런데, 전혀 모르는 분들이 와서 내 글에 좋아요를 눌러주고 구독해주시는 걸 보면 (블로그 좋아요, 와는 또 다른) 새로운 기쁨이 있고, 아 이런 글이 잘 읽히는구나, 이런 글을 사람들이 좋아하는구나를 경험해보실 수 있습니다.

브런치를 시작하신 분들은 확연히 느끼는 부분인데, 굳이 그렇게까지 안 하고 싶다 하시는 분들은, 우선 글쓰기와 달리 책쓰기는 '독자가 읽는 글' 이라는 점을 잊지 마시고 독자에게 말을 건다고 생각하며 글을 쓰시면 됩니다.

문체는 '~이다' 체와 '~입니다' 체 두 가지 중 선택하시면
됩니다. 내가 쓰는 글이 어떤 문체와 어울릴지 신중하게
고민해보시는 것도 재밌습니다.

　보통 '~이다' 체를 많이 쓰는데, '~입니다'는 정중하게 또
는 조곤조곤 설명하는 느낌, 강의를 듣는 느낌을 줍니다.
많이 팔린 책들 중 예를 들어볼까요?

　정혜신 박사의 책 중 《당신이 옳다》(해냄출판사)는 '~이
다' 체이고, 창비에서 출간된 '공부의 시대' 시리즈 중 《정
혜신의 사람 공부》는 '~입니다' 체입니다. 이 책은 정혜신
박사의 강연을 녹취로 풀어낸 것 같습니다. 책에서 별도로
설명하고 있지 않아서 추측을 해봅니다.

　저는 개인적으로 정혜신 박사의 책은 글보다 말을 풀어
낸 감성이 더 와닿았습니다. 《정혜신의 사람 공부》, 정말
좋습니다. 한번 읽어보시기를 권합니다. 이 책 읽고 제가
동네 엄마들과 독서모임을 시작했고, 더블엔의 책 앞날개
하단에 노란리본을 넣기 시작했습니다. 출판사 편집자로
서 할 수 있는 (정치와는 무관한) 사람에 대한 예의라고 생
각했습니다.

과학선생님이자 '테이블 강연회'의 매력을 전파하고 계시는 착한재벌 샘정님의 책 《말랑말랑학교》는 독자를 '그대 엘'로 지칭하며, 대화를 하는 형식으로 구성되어 있는데, '~입니다' 체입니다.

맨 앞장에서 소개해드린 기시미 이치로의 《마흔에게》도 '~입니다' 체입니다. 강의를 주로 하는 분이나, 독자에게 정보나 기술에 대해 설명을 하는 내용이라면 '~입니다' 체가 유용하겠습니다. 아, 제가 쓰고 있는 지금 이 글도 '~입니다' 체입니다. 대충 감이 오시나요?

연습 한번 해보겠습니다.

나는 정말 책을 쓰고 싶다. 변화하고 싶고, 성장하고 싶고, 소통하고 싶다. 그 매개체가 책이었으면 좋겠다. 여행도 음악도 좋지만 첫째로 책이었으면 좋겠다.

저는 정말 책을 쓰고 싶었습니다. 변화하고 싶고, 성장하고 싶고, 그리고 소통하고 싶었거든요. 그 매개체가 책이었으면 좋겠다고 생각했습니다. 여행도 좋고 음악도 좋지만 그래도 첫 번째는 책이면 좋겠다 싶었습니다.

같은 내용을 지금 생각나는 대로 두 가지 톤으로 막 써봤습니다. 분위기가 많이 다르죠? 평상어로 쓰는지 경어로 쓰는지에 따라 자판을 누르며 머릿속에서 생각이 한 번 더 정리되고, 단어 선택도 살짝 달라집니다.

이런 식으로 한두 문장 연습해보신 후 본격적으로 책쓰기에 들어가시면 되겠습니다.

내 책을 누가 읽으면 좋을까

공저와 단독 저서

: 끌려가는 즐거움 혹은 끌고가는 고뇌

본격적인 책쓰기에 들어가기에 앞서, 한 가지만 더 살펴 보기로 하겠습니다.

공저와 단독 저서, 장단점이 있습니다. 공저는 여러 명 이 책을 쓰는 형태이니 내가 써야 하는 분량이 작아져서 첫 책을 쓰는 데 있어서 부담이 덜 합니다. 하지만 온전히 '내 책'이라는 느낌도 덜 합니다. 보통 자신의 버킷리스트 나 꿈을 그려보는 내용으로 여러 명의 글을 엮기도 하고, 출판사에서 기획해서 여러 작가에게 하나의 주제로 원고 청탁을 하기도 합니다. 예를 들면, 각계각층의 유명인사들 의 좋아하는 차(tea), 기억에 남는 여행지, 첫사랑에 대한 추억 등을 주제로 청탁해서 엮는 것이죠.

저도 소모임에서 공저로 책을 한 권 썼습니다. 공저로 원고를 써보니, 확실히 분량에 대한 부담이 적은 데다, 멤버들의 의욕과 응원에 힘입어 마감도 잘 지키고 성취감도 컸습니다. 끌려가는 즐거움에 대해 경험해볼 수 있었던 좋은 시간이었습니다.

여러분도 책쓰기가 너무 막연하거나 누군가와 함께 길을 가고 싶다면, 공저 방식도 좋습니다.

공저도 좋고 단독 집필도 좋습니다. 생각만 하고 진도가 안 나가고 뭔가 마감이나 제동 걸어줄 장치가 필요하다면, 한 번은 공저도 좋습니다. 다만, 공저로 한 번 책을 출간했다면 두 번째 세 번째 책은 단독 저자로 긴 호흡으로 책을 써보시기를 추천드립니다.

공저는 보통 책쓰기 수업에서 기수별로 개인저서 코칭을 하며 선작업으로 공저를 먼저 출간하게 하거나, 소모임에서 활동하는 분들이 활동내역이 사라지는 게 아까우니 기록으로 남겨보자 해서 출간하는 경우가 많습니다. 독서모임이나 프로젝트 모임 회원들의 공저 원고도 제법 투고로 들어옵니다만, 출판사 입장에서 솔깃한 원고 형태는 아닙니다.

저는 편집자로서 공저의 책을 편집해봤고 저자로서도 참여해봤는데, 공저는 저자로서는 손이 덜 가는 작업이지만 편집자로서는 손이 많이 가는 작업입니다. 대표 저자 한 명과 소통하면 그나마 진행이 수월하지만, 모든 저자의 글을 다 피드백하면서 진행하는 작업은 산출 대비 투입이 정말 많이 되어야 하는 작업입니다.

'좋은 내용을 모은, 의미 있는 문집' 같은 느낌이 크면 판매에 도움이 많이 안 되기 때문에 출판사에서 좋아하는 원고 형태는 아닙니다. '우리, 이런 거 해요~' 라든지 독서모임 또는 글쓰기 모임 등 멤버들이 합심해서 쓴 글은 단독 원고보다는 선택받기 어려운 경향이 있습니다.

"우리, 이렇게 주식투자로 부자되었어요!" "부동산 투자로 돈 번 5인의 비법" 이런 책은 어떨까요? 독자의 눈으로 봤을 때 이런 책은 보고 싶지 않을까요? 편집자도 마찬가지입니다. 돈이나 투자에 관한 내용은 공저든 단독이든 궁금합니다. 이런 분야는 예외입니다.

공저는 사랑받지 못하는 출간 형태이기는 하지만, 그래도 꾸준히 출간되고 있고, 이런 원고 좋아하는 편집자도 있으니 너무 용기 잃지 마시길 바랍니다.

정부지원사업을 노려보는 것도 좋습니다. 한국출판문화산업진흥원에서 주관하는 사업들이 있는데, 시기가 잘 맞으면 투고원고가 채택될 확률이 높을 수도 있으니, 정보를 알고 계시면 유용하겠습니다.

대략 2월 초에 공고가 나는 '우수출판콘텐츠 제작 지원' 사업은 미발간 국내 창작 원고를 대상으로 하는데 우수성, 집필의도(출간의의), 독창성, 완성도를 기준으로 심사합니다. 선정되면 출판사에 출판제작지원금(700만원), 저자에게 저작상금(300만원)을 지원해줍니다. 출판사가 지원할 수도 있고, 저자가 출판계약과 무관하게 자신의 원고로 지원할 수 있는 사업입니다.

글의 내용은 좋지만 사업성이 좀 부족해 보인다든지 공저로 집필하고 계시는 분들이라면 잘 활용해보실 수 있는 좋은 사업입니다. 저자분이 지원해서 선정되면, 출판사를 골라서(?) 출판할 수도 있을 테니까요. 원고는 대략 완성된 형태여야 제출 가능하고, 연내에 책으로 출간해야 한다는 조건이 있습니다.

그리고 대략 6월 초에 공고가 나는 '중소출판사 출판콘텐츠 창작 지원' 사업이 있는데, 선정되면 출판사에 제작비를 지원해줍니다. 출판사는 확보해놓은 원고가 있으면 3개까지 지원할 수 있으니 이 시기 안에 출판사에 투고하시면 계약 확률이 좀 높아질 수 있겠지요.

일정이나 지원금의 변동이 있을 수 있으나, 여러 해 동안 이 시기에 있어 왔으니 해마다 비슷하지 않을까 합니다. 한국출판문화산업진흥원 홈페이지(www.kpipa.or.kr)에 공고가 올라오니 관심 갖고 살펴보시면 도움되리라 생각합니다.

공저

- 원고 쓰는데 부담이 덜하다.
- 출간 후 '내 책'이라는 느낌도 좀 덜하다.
- 투고시, 출판사의 선택을 받기 힘들다.
- 쓴다면 누구와 쓸까? (서로에게 도움이 되는 일인가?)

단독 저서

- 원고 쓰는데 부담이 크다.
- 출간 후 '내 책'이라는 느낌 엄청나다.

저자소개 써보기

: 6개월마다 업데이트 해보는 즐거움

저자소개(프로필)는 원고를 다 쓰고 마지막에 쓰기도 하지만, 저는 처음에 써보는 걸 추천드립니다. 왜 책을 쓰고 싶은지, 누가 읽으면 좋겠는지, 그리고 프로필과 머리말까지 정리하고 나면 책의 반 이상을 쓴 것 같은 느낌이 듭니다. 초반의 성취감을 원하신다면 프로필을 먼저 써보시는 걸 강력하게 추천합니다.

저자소개는 어떻게 쓰면 좋을까요? 수험생들의 자기소개서, 직장인의 자기소개서와 어떻게 다를까요? 정답은 없습니다. '목적'을 생각하면서 써나가시면 됩니다. 내가 책을 쓰는 이유가 '많은 독자들이 나의 책을 읽고 도움을 받고 공감을 해주길 원해서' 라면, 저자소개는 이 책이 독자의 손에 쥐여질 수 있도록, 또는 독자가 손에 들었을 때 다시 내려놓지 않을 수 있도록 하는 역할을 해주어야 합니다. 거창해야 해야 한다는 게 아니라, '독자가 이 책을 읽을 이유, 또는 명목'을 제시해주면 좋습니다. 저자소개에서 그런 것까지 해야 해? 싶지만 우리는 작가소개만 보고도 책을 구입하기도 합니다.

　(아, 이렇게 쓰고 보니 나의 소개글은 이런 역할을 충실히 하고 있나, 에서 또 발목 잡힌 느낌입니다. 예전부터 책을 쓰게 되면 엄마 아빠에게 감사인사를 드리고 싶었고, 귀여운 아들 얘기를 쓰고 싶은데 남편만 빼자니 좀 걸려서 남편도 언급했습니다. 어문학 출신 편집자가 아니라 통계학과 출신임을 말하고 싶어서 중학교 수학선생님 얘기까지 거슬러 올라갔네요. 경력과 편집 마인드, 포부까지 밝혔으니 말하는 대로 글쓰는 대로 된다고, 베스트셀러 한번 찍을까 합니다.)

저자소개는 수상경력이나 출강기관 등을 사실 위주로 나열하는 방식도 있지만 요즘은 문장으로 풀어서 많이 씁니다. 좋아하는 책이나 작가의 소개글을 참조하여 연습해보면 좋습니다.

첫 책을 내는 경우 너무 추상적인 문장의 나열은 좋은 방법이라 하기 어렵습니다. 내가 어떤 사람인지 나와 이 책의 주제가 어떻게 조화로운지를 설명해주는 것이 좋습니다. 예를 들어, '세일즈 노하우'나 '영업 전략'을 다룬 책의 저자가 '꿈이 없이 살아온 평범한 30대를 지나 책 한 권으로 인생이 바뀌었다. 마음가짐 하나로 삶의 변화와 성장이 가능하다는 것을 깨닫게 되었다. 더 이상 거절에 두려워하지 않고 오늘도 필드로 나간다' 이런 식의 저자소개글을 썼다고 해볼까요?

실적을 높이고 싶고 성과를 내고 싶어 하는 세일즈맨이 이 책을 사고 싶어 할까요? 적어도 어디서 무엇을 세일즈하는 사람인지(작은 업체여도 괜찮습니다. 독자들이 꼭 대기업 세일즈맨의 노하우만 궁금해하는 건 아닙니다) 어떤 노하우로 어떤 실적을 올렸는지, 그 내용을 왜 독자들과 나누고 싶은 것인지 정도는 들어가줘야, 그 책이 필요한 독자의 손에 닿지 않을까요? 자기계발서나 실용서 저자의 소개글은 너무 모호하게 적지 않는 게 좋습니다.

출간된 지 10년도 더 지난 책이지만 '가수 김민우에서 자동차 판매왕이 되기까지 다시 부른 희망'을 부제로 한 《나는 희망을 세일즈한다》의 김민우 소개를 한번 보겠습니다. (자료는 인터넷 서점 예스24에서 가져왔습니다)

1990년 봄, 데뷔곡 '사랑일 뿐야'와 후속곡 '입영열차 안에서'로 당시 최고의 가요 순위 프로그램 가요Top10에서 두 곡이 연달아 5주씩, 모두 10주 동안 연속 1위를 차지했다. 그 해 여름 돌연 군입대 선언, 제대 후 4집까지 발표했으나 재기에 실패하면서 서서히 잊혀진 가수가 되었다. 2004년 수입차 영업 사원으로 변신해 벤츠 판매왕을 차지하면서 다시 한 번 뉴스의 주인공이 됐다. 현재 한성자동차 강남전시장 영업1팀 차장, 메르세데스-벤츠 공식 딜러이며 대경대학 자동차딜러학과의 전임교수이기도 하다.

인기 절정의 가수였다는 걸 숨길 이유가 없습니다. 오히려 그 인기를 뒤로하고 벤츠 판매왕이 되었다는 건 굉장한 이슈입니다. 내용은 10년도 더 전 것이니 지금은 달라진 사실이 있겠지만 참조하기 좋아서 소개드렸습니다. 이 정도면 짧은 편입니다. 원고지 1.4매 분량입니다.

구체적으로 '나'를 설명해주는 것이 좋습니다. 나이나 학력, 결혼 여부는 안 밝혀도 되지만 경력과 이력은 밝히는 게 좋습니다.

유명 강사 김미경 작가님의 소개를 보니, 57세 나이도 밝히셨고 강사경력 28년(2020년 기준)을 밝히셨네요. 하시는 사업도 많고 출간도서도 많으니 조금씩만 소개해도 저자소개 분량이 엄청납니다. 꼭 이렇게 길지 않아도 되니 겁 먹지 마세요.

이번에는 에세이 작가님을 소개해보겠습니다.

〈일간 이슬아〉시리즈를 연재하며 유명해진 이슬아 작가의 첫 책《일간 이슬아 수필집》속의 저자소개를 앞부분 반 정도만 소개해봅니다.

1992년 서울에서 태어났다. 글을 쓰고 만화를 그린다. 누드모델, 잡지사 기자, 글쓰기 교사 등으로 일했다. 2013년 데뷔 후 연재 노동자가 되었다. 여러 매체에 글과 만화를 기고하며 생계를 이어왔다. 늘 어떤 플랫폼으로부터 청탁을 받아야만 독자를 만날 수 있었던 이슬아는 어느 날부터 아무도 청탁하지 않은 연재를 시작했다. 2018년 2월 시작한 시리즈의 제목은 [일간 이슬아]. 하루에 한 편씩 이슬아가 쓴 글을 메일로 독자에게 직접 전송하는 독립 연재 프로젝트다. 그는 자신의 글을 읽어줄 구독자를 SNS로 모집했다. 한 달 치 구독료인 만 원을 내면 월화수목금요일 동안 매일 그의 수필이 독자의 메일함에 도착한다. (…)

어떤가요? 책을 읽어보고 싶은 생각이 들지 않습니까? 이 책은 572쪽으로 제법 두꺼운데도 저는 가방에 넣어다니며 읽었습니다. 슬아 작가님의 필력이 상당합니다. 글쓰기 교사를 하시니 글을 잘 쓰시는 건 당연한데, 제 개인 취향을 플러스하여, 글이 참 좋았습니다. 에세이를 쓰시는 분이라면 참조해보실 만합니다.

이슬아 작가의 소개글(인터넷 서점에 있는 내용을 복사

하여 분량 계산해보시면 됩니다)은 200자 원고지 3.5매 분량이며, 위의 글은 원고지 1.8매 분량입니다. 뒤에서 설명 드리겠지만, 출판사에서는 A4 몇 매, 글자수 몇 자 하는 표현보다 원고지 매수로 분량을 얘기합니다. 아래한글 프로그램의 경우 Ctrl+Q,I 누르고 (파일>문서정보) 문서통계 보시면 원고지(200자 기준) 몇 매인지 숫자가 나옵니다. 이슬아 작가의 소개글 앞의 11행 정도면 원고지 1.8매 분량입니다.

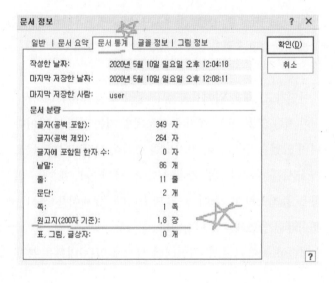

트레킹 에세이 정지영 작가님의 소개글 한번 볼까요.

1982년 부산 출생, 중앙대학교 영화학과 졸업. 30대에 1억을 모은 기똥찬 커리어우먼을 꿈꾸며 대학을 졸업했지만, 단체생활을 질색하고 사회생활을 두려워하며 무엇보다 혼자 사부작대는 것을 너무나 좋아하는 반골적 한량 기질로 인해 영화홍보사, 공공근로, 데이터입력회사, 종교단체 등 다양한 곳을 전전하며 20대 후반과 30대 초반을 보냈다. 최저임금에 준하는 돈을 받을지언정 칼퇴근을 목숨처럼 지키다 보니 저녁은 있으나 돈이 없는 삶에 허덕이며 잡초처럼 살았다. 2014년, 2년간 다닌 회사를 그만두고 두 달간 네팔여행을 하며 안나푸르나 베이스캠프 트레킹, 일주 트레킹을 했다. 이 책은 19일간의 일주 트레킹 기록을 담은 것으로, 기존의 진지하고 무거웠던 '안나푸르나 여행기'의 전환점을 열어준 정유정(《정유정의 히말라야 환상방황》의 저자)의 경쾌함에 빌 브라이슨의 박식함이 어우러진 새로운 안나푸르나 여행기를 써보고 싶어서 구직활동을 하며 초고를 쓰고, 출산 한 달 전 국회도서관에서 자료를 확인하며 탈고한 결과물이다.

본문도 어느 정도 봐야 알겠지만, 제목과 표지, 저자소개만으로도 눈길이 가는 책들이 있습니다.

이 소개글의 분량은 원고지 2.5매입니다. 이 책 정말 재미있습니다. 혹시 눈치 채셨나요? 그렇습니다. 더블엔에서 제가 만든 책입니다. 투고로 들어온 원고였는데, 당시 제목은 별로였고 저자소개와 집필의도, 본문글이 굉장히 재미있었습니다. 《안나푸르나에서 밀크티를 마시다》라는 제목으로 출간되었습니다.

유명한 소설가 정유정 작가가 쓴 에세이 《정유정의 히말라야 환상방황》의 경쾌함과 《나를 부르는 숲》으로 유명한 빌 브라이슨의 박식함을 담고 싶었다니요? 이 내용은 집필의도에 있던 건데 제가 저자소개로 옮겼습니다. 그 패기와 자신만만함이 무척 근사했습니다. 참고로, 투고 당시 보내온 저자소개는 다음과 같았습니다.

1982년 부산 출생, 중앙대학교 영화학과 졸업.
30대에 1억을 모은 기똥찬 커리어우먼을 꿈꾸며 20살을 맞이했지만 단체생활을 질색하고, 사회생활을 두려워하며 무엇보다 혼자 사부작대는 것을 너무나 좋아하는 반골적 한량 기질로 인해 영화홍보사, 공공근로, 데이터입력회사, 종교단체 등 다양한 곳을 전전하며 20대 후반~30대 초반을 보냄. 최저시급에 준하는 돈을 받으며 칼퇴근을 목숨처럼 지키다보니 저녁은 있으나 돈이 없는 삶에 허덕이며 88만원 세대의 바로미터처럼 살다가 32살에 난생 처음 나 좋다고 매달린 남자와 결혼하여 전업주부 및 애기엄마로 살고 있는 중. 술 좋아하고 걷기 좋아하는 여인네입니다.

책 출판 경험 없습니다.

이 내용은 원고지 1.8매 분량입니다.

최종 버전과 초기 버전을 비교해보시는 재미도 있습니다. 어느 스타일이 더 낫다고 말할 수는 없습니다. 성향의 차이이지 정답이 있는 문제가 아닙니다. 저자가 작성한 소개글이 재밌어서 제가 본문을 읽어보게 되었으니까요. 다만, 정유정 작가, 빌 브라이슨 작가와 나란히 하고 싶은 정지영 작가의 마음을 소개글에 넣고 싶어서 편집자가 수정을 좀 한 것입니다.

이런 식의 비교가 독자 여러분께 도움이 될 것 같아 특별히 정지영 작가님의 허락을 받아 실었습니다.

마지막으로, 《나는 나와 사이가 좋다》의 김수정 작가님 소개글을 예로 들어보겠습니다.

이 책은 [나의오늘] 에세이 시리즈의 첫 번째 책입니다.

언론전문지에서 기자로 일했다. 기삿거리를 들으면 가슴이 뛰었다. 사람 만나는 게 좋았고, 내 기사가 세상을 바꿀 수 있을 거라 생각했다. 천천히 식어가는 가슴을 보며 덜 날카로운 일을 해야겠다고 마음먹었다. 그 후 콘텐츠 제작사에서 기획서를 만들었고, IT 보안 회사에서 글을 썼다.

두 아이의 엄마가 되고 나서 세상을 바꾸는 일만큼 어려운 일이 아이를 키우는 일임을 깨달았다. 평범한 일상도 쓰고 보면 달라진다는 걸 실감하고 다시 꾸준히 글을 쓰고 있다. 평생 외향적인 사람이지만 요즘엔 혼자 있는 시간도 충분히 좋다.

경력 단절기가 아니라 경력 재설정기를 갖는 중이다.

경력 재설정기라는 말이 참 좋았습니다. 글에서 언뜻언뜻 드러나는 작가님의 생각이 참 멋있었고, 단어 하나 문

장 하나하나가 따스해서 더 좋았던 김수정 작가님의 소개
글이었습니다.

보통 책은 표지와 제목, 저자소개, 머리말, 목차 등을 보
고 솔깃하고 궁금해지면 본문 첫 꼭지로 넘어가기 마련이
라, 저자소개가 너무 밋밋하면 효과적이지 않습니다.
나의 정체성을 잘 드러낼 수 있는 저자소개를 권합니다.

에세이인지 자기계발서인지, 정보를 주는 책인지에 따
라 자기소개가 달라지는 것이 좋습니다. 직장인으로서의
글을 쓴다면 어떤 직장에서 어떤 일을 하는 사람인지 왜
책을 낼 생각을 했는지 그래서 어떤 내용을 담았는지까지
담을 수 있습니다. 물론, 어떤 직장에서 어떤 일을 하는 사
람인지에서 끝낼 수도 있습니다. 예를 들어 독서모임에 관
한 책을 쓰고 싶다면, 독서모임에 참여하게 된 계기 혹은
운영하게 된 계기와 연관활동들에 관한 소개를 하는 게 효
율적입니다. 막연하게 '어릴 때부터 책을 좋아했고, 지금
도 나중도 그럴 것이다'에서 멈추는 소개글은 저는 권하지
않습니다. 강의를 하는 분이라면 자신이 어떤 강의를 잘하

며 인기가 좋은지도 저자소개에서 조금 자랑하시면 좋습니다. 그러한 자랑은 이 책이 어떤 독자들에게 필요한 책인지도 보여줄 수 있고, 이 책이 담고 있는 내용까지 보여줄 수 있어서 좋습니다.

의사가 쓴 건강서, 의사가 쓴 생활 에세이, 의사가 쓴 공부법 등 같은 사람이어도 쓸 수 있는 책들이 무궁무진합니다. 요즘은 변호사가 쓴 공부법, 변호사가 쓴 시간관리법도 베스트셀러입니다. 아이엄마가 쓰는 육아서, 아이엄마가 쓰는 재테크 노하우, 아이엄마가 쓰는 여행서 등 같은 저자가 쓸 수 있는 책이 다양합니다. 만일 한 저자가 이 3권의 책을 쓴다고 했을 때, 저자소개는 모두 같을 수도 있고, 조금씩 강조 포인트가 달라질 수도 있습니다. 저자소개는 잘 판단하여 정리하시면 되겠습니다.

그리고! 꼭 책을 쓰기 위해서만이 아니라도, 6개월에 한 번씩 자기소개를 업데이트 해보시는 것도 참 좋습니다. 나의 성장과 변화를 느껴볼 수 있는 좋은 시간이 됩니다.

제목 잡기
: 주제 먼저 잡으세요

제목은 정말 중요합니다. 2002년에 출간, 우리나라에는 2003년에 번역출간된 일본도서《이 책은 100만부 팔린다》를 보면, 베스트셀러 방정식이 나옵니다. 이것만으로도 정말 솔깃하지 않습니까? 그런데, 이 책은 정말 100만 부 나갔을까요? 궁금합니다.

이 책은 책을 만들 때 우선순위를 어디에 두어야 하는지 생각하게 해줍니다. 아마 국내에서도 작가지망생보다는 출판사 편집자와 마케터들이 더 많이 사 보았을 듯합니다. 18년 전에 출간된 책이고, 조금 억지스러운 부분도 있지만, 지금 읽어보아도 배울 점이 많습니다. 이 책은 팔리지 않는 '좋은 책'을 잘 팔아보자는 취지에서 기획된 것으로, 그저그런 내용의 책을 잘 팔아보자는 마케팅서가 아닙니다. 원고 내용은 기본으로 좋아야 한다는 뜻입니다. 이어 중요한 건 '제목'과 '표지' '저자 프로필'과 '목차'의 구성임을 알려줍니다. 어떠신가요? 다 알고 있었어!! 하는 내용인가요? 독자의 눈으로 보면 편집자의 시각이 읽히고, 편집자의 눈을 상상하면 저자로서 어떻게 글을 써야 하는지 생산적인 고민도 하게 되실 겁니다. 동기부여 차원에서 근사한 '나의 프로필'을 먼저 써 보시는 것도 좋은 방법입니다.

제목은 보통 출판사에서 책을 만들며 다시 잡는 경우가 많습니다. 기획단계에서 정말 확실한 (정말 좋다고 생각하는) 제목으로 출발했거나 저자가 명확하게 잡아온 제목이라면 그 제목 그대로 출간되지만, 대부분 출판사가 다시 잡습니다.

그러니, 글을 쓰는 초기에 저자는 제목의 중요성은 알고 계시되, 제목 잡는 데 너무 올인하지 마시고 제목은 거칠게 잡고 (주제는 명확히) 글을 쓰시면 됩니다. 이 책이 뭘 말하고자 하는지 단어의 조합이나 문장으로 잡으시는 겁니다. 출판사에서 가장 고민하는 게 바로 제목입니다. 원고 작성이 끝나고 투고하여 출판 계약을 한 후, 책이 출간될 때까지 고민하고 또 고민하고 막판에 바뀔 수도 있는게 바로 제목(과 표지)입니다.

내용은 별로인데 제목만 좋다고 책이 팔리지는 않습니다. 그러나 내용은 좋은데 제목이 별로라면 독자들의 손에가닿기 어려울 확률이 높습니다. 이렇게 중요한 제목이 사실은 굉장히 개인적입니다. 봉준호 감독이 아카데미 감독상을 받으며 수상소감에서 언급한 "가장 개인적인 것이 가장 창의적인 것이다"라는 말은 영화뿐 아니라 책 내용과제목에도 정말 들어맞는 말입니다. 어떤 편집자를 만나느냐에 따라 책은 아주 다르게 나올 수 있습니다.

투고로 들어온 원고는 대부분 출간할 때 제목이 달라지기 마련인데요. 더블엔 책 중에서 예를 몇 가지 들어보겠습니다.

한국출판문화산업진흥원에서 주관하는 '세종도서' 선정도서이자 더블엔의 두 번째 책인 《무소유 육아를 권합니다》는 처음 가제가 〈이기적인 엄마가 행복한 아이를 만든

다〉였습니다. 대화법에 관한 육아서를 내고 싶어서 일본 서를 찾아보고 있던 참이었는데, 투고원고가 들어왔어요. 타이밍이 기가 막히죠. 본문에 나온 '무소유'라는 단어에 꽂혀 제목을 잡았습니다. 표지 카피는 "욕심부리지 않고, 비교하지 않고, 상처내지 않는, 오롯이 아이에게만 집중하는 육아법"이라고 뽑았습니다.

현재 절판된 도서이기도 해서 다른 책 사례를 들려고 하다가, 제목에 대한 이야기뿐 아니라, 타이밍에 대한 것까지 함께 말씀드리고 싶어 이 책의 사례를 뺐다 다시 넣었습니다. 이때는 제가 엄마가 된 지 얼마 안 됐을 때라 육아서에 한창 관심이 많을 때였고, 더블엔 시작 초기라 원고 확보에도 집중하고 있던 시기였습니다.

(→ 지금 저는 육아서보다는 학습서와 교육방법에 관심이 더 많습니다. 더불어, 원고확보를 많이 해놓으면 출간 시점과의 시간 차이로 인해 확인하고 수정해야 할 사항들이 많아지는 단점도 발생, 상황이 많이 달라졌습니다)

저는 본문에서 감이 오는 단어를 뽑아내 조합하는 방식으로 제목을 잡습니다. 편집자의 일이란 게 무에서 유를

창조해내는 순간보다 유에서 유를 조합하고 빼고 더하는
작업이 더 많은지라, 저는 제 스타일로 제목을 만들어 저
자분과 의논하여 결정합니다.

지난해 출간된 건강에세이 《아무튼, 사는 동안 안 아프
게》는 제목 고민을 1년간 한 책입니다. 투고원고는 아니었
고, 제가 기획해서 원고를 의뢰드린 책입니다. 처음 기획
의도는 '1인 가구를 위한 소소한 건강법'이었어요. 그런데
책을 진행하다 보니 저자분의 특성상 '소소한' 건강법을 쓰
기 어려웠고, 건강법이란 게 특정인이나 특정세대를 위해
따로 있는 게 아니어서 컨셉이 두루뭉술해지고 말았습니
다. 정말 별별 제목이 다 등장했지만, 저는 저자분의 프롤
로그에 있던 , "아무튼, 사는 동안 아프지 않게"가 참 좋았
던지라 그 구절을 살려 제목으로 잡았습니다. 무난한 제목
이라 걱정도 했지만, 막상 책이 나오고 나니 제목 좋다는
분들이 많았습니다.

이처럼 제목은 원고를 쓰며 너무 고민하지 않으셔도 됩
니다. 물론 출판사마다 편집자마다 다르니 특정 출판사에

서 출간하고 싶다 하면, 그 출판사의 제목 성향을 미리 파악하여 비슷하게 잡아두시는 것도 좋은 방법입니다. 제가 출판사를 9년째 운영해오고 있는데요. 시간이 지날수록 투고원고가 더 많이 들어오고 있습니다. 책 출판에 대한 욕구가 점점 늘어나고 있다는 뜻입니다.

투고메일에 일일이 답변은 못해드리지만, 저는 러프하게 다 읽어보려고 하고 있습니다. 소설과 시 외의 분야는 다 읽어봅니다. 투고에서 중요한 것은 주제이지 제목은 아닙니다. 요즘 잘 나가는 책을 벤치마킹해서 어디서 본 것 같은 그런 제목을 붙여서 보내시면 오히려 역효과가 날 수 있습니다. 투고시 제목(가제)은 책을 보여줄 수 있는 정확한 주제만 담고 있으면 됩니다. 아이와의 대화법이라든지, 투잡으로 돈벌기라든지, 40대의 다이어트법이라든지 명확한 주제(컨셉)를 보여주는 제목이면 충분합니다.

이 책의 제목은, 여러 가지 중 고민고민하다 두 가지로 추렸습니다. '책쓰기부터 책출판까지'를 강조하고 싶었고, 경력이 있는 편집장이 썼다는 것도 강조하고 싶었습니다.

'첫 책쓰기'를 하는 예비저자분들을 독자로 잡고 싶었습니다. 이 모든 걸 다 가져가려니 너무 산만했습니다. 제목안 두 가지는《(23년차) 출판사 편집장이 알려주는 책쓰기부터 책출판까지》《출판사 편집장이 알려주는 오! 나의 첫 책, 쓰기부터 출판까지》였습니다. 너무 길죠?

23년차를 빼고, 첫 책 쓰는 분들만 대상으로 할 필요는 없다 싶어서 그 부분도 뺐습니다. 첫 책을 출간한 저자분들도 다음 책을 준비하며 또 어려워할 수 있으니까요.

그렇게 남은 제목《출판사 편집장이 알려주는 책쓰기부터 책출판까지》가 최종낙찰!되었습니다.

나의 책 제목 (주요 키워드의 조합)

주제 잡기
: 책 전체를 관통하는 흐름

　자, 어떤 책을 쓰실 건가요?

　가장 중요하면서도, 가장 어렵게 느껴지는! 게 바로 주제입니다. 주제를 먼저 생각한 후에 그 내용으로 책을 쓰기로 했다면 주제를 표현하는 다양한 방법에 대해 고민하면 됩니다.

　내가 쓸 수 있는 주제는 여러 가지가 있을 것입니다. 첫 책은 '나를 가장 잘 표현할 수 있는 내용'이면 좋겠습니다. 수학선생님이 쓴 책이라면 (정확하게 수학공부법에 대한 책이 아니더라도) 독자들은 수학 잘하는 아이들의 특성이라든지 수학공부 비법 하나 정도는 기대하며 읽을 수도 있고, 간호사가 쓴 책이라면 병원에서의 업무를 둘러싼 이야기, 저처럼 편집자라면 책과 관련된 이야기 등 독자들은 직업이나 직무와 관련된 내용을 궁금해하는 게 일반적입니다.

육아와 일, 아내, 며느리로서의 생활 등 여러 가지 역할 중에서 내가 가장 잘 쓸 수 있는 글을 먼저 쓰는 겁니다. 강의를 잘하고 업계에서도 유명한 한 예비작가님께서 본인의 어린 시절 얘기부터 연애담을 쓰고 싶다고 하셨습니다. 저는 곧바로 "누가 읽나요?" 라고 물었습니다. '강의를 하는데 책이 필요하시다면서요.' 물론 이어서 계속 책을 쓰겠다고 하시길래, 그렇다면 더더욱 첫 책은 본인 커리어에 도움이 되고 본인을 알리는 데 유용한 책을 먼저 내시는 걸 권해드렸습니다.

주제는 책 한 권을 관통하는 흐름입니다. 콘셉트(저는 컨셉이라고 부릅니다)라고도 하죠. 책쓰기 책, 독서모임 활용법을 알려주는 책, 시간관리 노하우 등등 한 줄 요약이 가능해야 합니다. 이 한 줄 요약은 나중에 책의 제목이 될 수도 있고, 부제가 될 수도 있습니다. 누군가 "어떤 책이야?" 했을 때 설명하는 그 내용이 바로 주제입니다. 예를 들어볼까요?

- 슬기로운 N잡러의 퇴근 이후의 라이프
  → 《사이드잡으로 월급만큼 돈 버는 법》, 윤소영
- 의사가 들려주는 생활 속 건강관리법
  → 《아무튼, 사는 동안 안 아프게》, 한상석
- 하루 15분이면 충분한 직장인의 글쓰기
  → 《직장 그만두지 않고 작가되기》, 최하나
- 요조의 맛있는 떡볶이집에 대한 기억과 기록
  → 《아무튼, 떡볶이》, 요조
- 매순간 웃음이 터지는 에팔래치아 트레일 종주기
  → 《나를 부르는 숲》, 빌 브라이슨

'마흔 넘어 엄마가 되어보니' 라는 가제로 노산과 육아의 고충을 다룬 에세이를 쓸 수도 있겠고, '내가 경력단절이 되어 이럴 줄 몰랐다' 하는 생활밀착형 에세이도 가능하고, '아빠도 육아 충분히 잘합니다'라는 남자의 육아에세이도

가능합니다. 예전에는 면접 잘 보는 법, 직장생활 잘하는 법이 우세였다면 이제 '백수로 잘 살아보는 ○○가지 방법'이라는 컨셉으로도 책이 나오고 '하마터면 열심히 살 뻔했다'며 열심히 사는 다양한 모습을 보여주는 에세이도 베스트셀러에 등극합니다.

한 줄 요약을 먼저 해보고, 그 흐름을 유지하는 글을 쓰시는 게 좋습니다. 한 줄 요약이 안 되는 원고가 추후 편집자에게 넘어가 근사하게 한 줄 요약이 될 수도 있겠지만 가능성이 희박합니다.

한 줄 요약, 꼭 필요합니다.

출판사에서는 저자 프로필과 책 주제가 잘 어울리는지, 다음 장이 궁금해지도록 만드는 필력 또는 내용인지, 홍보를 할 수 있는 범위가 어느 정도인지를 궁금해합니다. 예를 들어, 투고가 많이 들어오는 원고 중 "전문가가 쓴 육아서 몇십 권을 읽었더니 다 고만고만해서 옆집 언니 같은 '평범한 보통 엄마'의 육아 일상을 써서 공감하고 위로하고 싶었다"는 기획의도의 경우, 출판사에서는 두 가지 사항을 짚고 넘어갑니다. 그래도 많은 엄마들이 전문가가 쓴 육아

서를 신뢰하고 책으로 보려고 한다는 점(예비작가의 입장
에서는 단점으로 작용할 수 있습니다), 육아 전문가는 아
니지만 독자가 사보고 싶은 생각이 들 수 있게 널리 알릴
수 있는 SNS 활동을 하고 있는지(이웃 수, 팔로워 수가 얼
마나 되는지, 출간 후 강의활동을 활발하게 할 수 있는지)
두 가지를 판단한 후 출간 여부를 고민하게 됩니다.

또 하나 예를 들어볼까요? 독서습관이나 독서모임에 관
한 원고투고도 많이 들어옵니다. 몇 권의 책을 읽었느냐
권수가 중요한 게 아니라 한 권의 책을 읽더라도 얼마나
내 것으로 만들고 독서노트를 쓰며 (또는 독서모임을 하
며) 다양한 의견을 받아들이느냐에 따라 읽는 즐거움이 달
라진다고들 하지만, 그래도 아직 1년에 몇 권 읽은, 3년에
몇 권 읽은 독서법과 그로 인해 달라진 삶에 대해 정리한
원고들을 많이 쓰고 계십니다. 중요한 건 비슷비슷한 책들
속에서도 팔리는 책이 있고 베스트셀러에 등극하는 책이
있다는 사실입니다. 다른 책과 내 책이 어떻게 차별화되는
지, 강점이 무엇인지 세심히 파악하셔서 잘 이용, 홍보하
시길 바랍니다.

기획서 써보기

: 1page proposal, 시작이 반입니다

한 줄 요약으로 책의 주제를 잡았다면,

이제 기획서를 러프하게 한번 적어봅시다.

가제 : _____

저자소개 : _____

예상독자 : _____

집필의도 : _____

예상분량 : _____

목차 : _____

홍보전략 : _____

자, 하나씩 적어보기로 할까요?

출간기획서는 1page proposal입니다. 출판뿐 아니라 모든 분야의 업무에서 필요한 문서가 바로 1P 기획서입니다. '왜 이 기획이 필요한지' '왜 이 기획을 선택해주셔야 하는지' 의사결정권자 앞에서 프레젠테이션한다고 생각하고 잘 만들어야 합니다.

이 작업은 본격적인 프로젝트 진행(책 출판!)에 앞서 기획자(저자)가 자신의 업무 및 머릿속을 정리해보는 좋은 계기가 되어줍니다.

사실 쉽지 않은 작업입니다. 자꾸자꾸 써봐도 다음에 작성할 때 또 막막하고 머리 아픈 게 기획서입니다. 기획의도(집필동기, 집필의도)나 원고의 장점은 형식에 맞춘 3~4줄 글보다, 진심이 담긴 차별화된 1줄이 더 임팩트 있을 때도 있고, 재미있는 에피소드를 적어주시는 것도 좋습니다. 이 원고를 읽어보고 싶게 만드는 역할을 하는 게 기획의도입니다.

정지영 작가님이 더블엔에 보내신 출판제안서 내용을

살짝 소개해보겠습니다. (이 책은 《안나푸르나에서 밀크 티를 마시다》로 출간되었습니다)

- **책 제목** : 안나푸르나 한 바퀴 삥 돌기 (가제)
- **집필의도**

2014년 2년간 다닌 회사를 그만두고 나홀로 네팔여행을 준비하던 저는 안나푸르나 트레킹을 하기 위해 다양한 책을 읽다가 안나푸르나 트레킹을 다룬 가볍고 재미있는 책은 별로 없다는 사실을 알게 되었습니다. 기존에 출간된 안나푸르나 여행기는 세계 8,000미터급 산이라는 아우라와 네팔이라는 국가적 배경 때문인지 '자아성찰'을 중요시여겨 대부분 진지하고 무거웠습니다. 또한 개인적 체험만 서술하여 대부분 비슷비슷한 내용으로 채워졌습니다. 2014년에 출간된 정유정의 '히말라야 환상 방황'은 앞서 출간된 안나푸르나 여행기와 달리 재치있고 경쾌하여 새로운 전환점이 되었다고 생각합니다. 저는 정유정의 가벼움에 빌 브라이슨의 박식함을 섞어서 새로운 안나푸르나 여행기를 써보면 어떨까 하는 생각을 하게 되었습니다.

• 특징

1. 솔직하고 가볍다

요즘 출간된 여행기에는 예상하지 못했던 일에 당황하는 에피소드들이 가득하지만 안나푸르나 여행기에는 그런 에피소드들이 거의 없었습니다. 저는 트레킹을 하며 경험한 일들, 포터가 갑자기 못 간다고 한 일이나 야크 스테이크 먹고 노상에서 변을 봐야 했던 일 등을 가감 없이 적었습니다.

2. 각 장마다 BOX를 달아 몰랐던 사실을 알려줌

네팔에서 접하게 되는 밀크티, 야크 치즈, 동충하초 등에 대해 좀 더 자세하되 상식적인 지식을 풀어놓았습니다.

3. 산악에 관한 다양한 이야기 삽입

안나푸르나 트레킹을 하는 사람이라면 등산에 관심이 있는 사람이 대부분일 것입니다. 그들이 흥미를 가질 만한 등산이나 모험에 대한 이야기를 중간중간에 넣었습니다.

4. 특이사항

2014년 2월 20일~3월 10일까지 트레킹한 기록이어서 2년 전의 기록입니다. 네팔 대지진 이전의 트레킹이어서 2016년 3월 현재의 트레킹 코스와 다소 다를 수도 있습니다.

• 콘텐츠

속담을 각 장 제목으로 정했습니다. 총 19일간 트레킹했으며, 하루 일정이 1장입니다. 베이스캠프 트레킹은 라운드 트레킹에 앞서 따로 했기에 내용에 들어있지 않습니다. (이 책에서는 생략)

• 필자 소개

1. 이름 : 정지영 (35세)
2. 약력 (이 책 48~49페이지에서 소개했으므로 생략)
3. 연락처: 전화번호, 메일주소, 블로그주소

저는 유머코드도 있고 솔직 담백한 저자의 제안서가 맘에 들었습니다.

제목은 책의 성격을 보여주는 문장이었는데, 출판사에서 다시 잘 잡으면 됩니다. 저자가 잡은 제목으로 그대로 출간되는 경우는 드문 편이며, 대부분 출판사에서 다시 정합니다. 하지만 책 내용을 모두 표현하면서도 독자들의 마음을 끌어당길 수 있는 솔깃한 제목을 뽑아보는 연습은 꽤 중요합니다.

　저자소개는 자신을 홍보하고 자랑할 수 있는 모든 것을 써주시는 게 좋습니다. 독자들이 책의 제목과 표지에 흥미를 가진 후 앞표지를 넘겨 앞날개에 적힌 저자 프로필을 살펴보는 것처럼, 출판사 편집자도 저자가 어떤 분야의 경력을 가진 사람인지 어떤 삶을 살아왔는지 궁금하니까요. 출판사에서는 가끔 저자 프로필 내용에 '저자가 왜 이 책을 썼는지' '이 책에는 어떤 내용이 담겨 있는지'도 요약해주곤 합니다. 궁금증을 유발하여 본문까지 술술 계속 넘겨보시라는 의도에서입니다.

　예상독자는 (막막하더라도) 누가 내 책을 읽어주면 좋겠는지, 책으로 나온다면 누가 살 것 같은지 예상해보는 겁니다. 이유식 책이라면 출산 전 부모부터 시작해서 5개월 전후의 아기 엄마아빠로 잡을 수 있겠죠. 타깃독자, 2차 독자를 잡고 글을 쓰기 시작해보세요. 막연하게라도 독자를 생각하는 연습을 자꾸 하셔야 합니다. 책 좋아하는 옆집 동생 K에게 들려준다거나 직장생활 힘들어하는 후배 S를 생각하고 글을 쓰는 것도 좋습니다.

집필의도 또는 기획의도가 머리말이 될 수 있습니다. 독
자에게 왜 읽어야 하는지, 편집자에게 왜 이 원고를 책으
로 출간해야 하는지 이유를 만들어주는 것이기도 합니다.

예상분량은 A4 몇 장, 또는 원고지 몇 매 하는 식으로 써
보시면 됩니다. 원고지 500~900매 정도면 책 한 권 만들
수 있습니다. 책으로 만들었을 때 총 분량은 편집하기에
따라 많이 달라집니다.

요즘 가벼운 에세이는 원고지 350매 전후, 라는 말을 듣
고 좀 놀랐습니다. 술술 읽히는 작은 판형의 에세이들이
인기를 얻고 있죠. 읽는데 시간이 별로 안 걸리니 책 한 권
읽었다는 성취감과 뿌듯함이 들어서 좋다고 하는 독자분
도 계시고, 같은 돈인데 아깝다는 분도 계시고 독자 성향
에 따라 다르지만, 트렌드임은 부인할 수 없습니다.

목차는 챕터 제목 또는 세부목차가 가능하다면 쭉 한번
써보시면 됩니다.

예전에는 판매량 예측도 하곤 했는데, 예측이라기 보다 바람인 경우가 많았습니다. 보통 1천 부~3천 부 정도로 잡습니다. 많이 팔면 저자도 출판사도 물론 좋지만 출판사는 재고 부담과 반품률을 고려해 초판을 그리 많이 찍지 않는 추세입니다. 유명작가의 책이라든지 해마다 나오는 트렌드 책 등 나왔다 하면 몇 만부씩 팔리는 경우가 아니라면 초판을 3천 부 이상 찍기 힘듭니다. 너무 욕심부리지 않으시는 게 좋습니다.

"제 책은 기본 만 부 이상 나갑니다. 제 지인만 해도 몇 천 부 나갑니다. 내용이 너무 좋습니다" 하시는 분들 계시는데, 정말 여러 번 속았습니다. 한 번 속았으면 그다음은 속지 말아야 하는데 저는 왜 매번 속는지 아이러니합니다. 이 분들이 사기성이 있어서 그런 게 아니라 정말 자기 책이 그렇게 팔릴 거라는 착각을 하시는 것이죠. 책을 쓰는 저자도 객관성을 유지해야 합니다. 너~무 자신감이 넘쳐서 글을 쓰면 위험합니다. 1천 부 팔기 쉽지 않습니다!

그렇다고 또 자신감이 너무 없으면 글의 내용이 설득력이 떨어집니다. 판매 예상 부수를 300부 쓰시는 분이 간혹 계시는데, 이렇게 팔면 출판사는 망합니다.

자, 이제 중요한 홍보! 개인이나 기업이나 SNS 의존도가 무척 높아진 시대에 살고 있습니다. 어느 한쪽만 해서는 안 됩니다. 함께 알리고 입소문 나게 만들어야 합니다. 출판사는 책이 출간되고 두세 달이 지나면 다음 책에 집중할 수밖에 없습니다. 저자가 자신의 책을 지속적으로 오래도록 홍보를 해야 하는데, 블로그와 인스타그램은 기본으로 하시면 좋습니다. 유튜브까지 하시면 더 좋습니다.

저자가 작성하는 훌륭한 출간기획서는 그 자체로 책의 편집방향이 되기도 하고 제목 및 카피가 되기도 합니다. 가장 중요한 건, 편집자의 선택을 받고 편집자가 원고를 읽어보고 싶은 욕심이 나도록 유도할 수 있어야 한다는 것입니다.

최근의 출간기획서를 하나 더 소개해드릴까 합니다.

늦은 나이에 결혼하고 출산하면서 경력단절이 된 후, 불안한 미래와 공허함에 책읽기와 글쓰기를 시작하며 블로그에 기록하던 중, 블로그명과 같은 모임 '내 인생에 다시 없을 1년 살기'(줄여서 '1년 살기')까지 만들어낸 퀸스드림

김여나 작가의 기획서를 소개해보겠습니다.

처음 퀸스드림을 만난 건 '연결의 힘'에 의해서였습니다. 제가 먼저 만나자고 했습니다. 멋진 모임을 운영하고 계시는 분이라 보고 싶기도 했고, 책을 왜 내고 싶어 하는지 궁금하기도 했거든요. 공저로 원고를 쓰고 있다고 해서 부담 없이 만났고, 얼마 후 원고 피드백도 부담 없이 해드리겠다고 했습니다. 이미 미팅을 한 차례 한 후였으니 이때의 '출간기획서'는 형식적인 것으로, 참고만 했다는 게 맞습니다.

여덟 명의 저자는 제가 우려한 공저의 단점을 상쇄하고도 남는 필력의 소유자들이었습니다. '출판 계약'의 부담 없이 만나 주고받은 메시지들은 도서 《다시, 시작합니다》의 탄생에 징검다리가 되어주었습니다. 책은 출간 전에 한국출판문화산업진흥원 우수저작지원사업에 선정되어 제작비를 지원받았고, 텀블벅도 진행해서 펀딩을 받았습니다. 작가군단이 이렇게 뛰어주시니 편집자도 만들며 신이 났고, 이 여덟 작가님은 스스로 북콘서트를 준비해서 독자분들과 가족들을 초대해 자축도 했습니다.

이 즐거움을 다른 멤버들과도 나누고 싶었던 리더 퀸스 드림은 두 번째 공저 기획안을 저에게 보내왔습니다. 출판사 손해 보면 안 되니 냉정하게, 부담없이 봐달라면서 말입니다.

공저 출간은 한 번으로 족하다고 생각했으면서도 편집자는 또 기획안에 홀려 출간을 결정했습니다. 책은 모임명과 동일하게 《내 인생에 다시없을 1년 살기》로 출간했습니다. 6인의 공저입니다.

허락을 얻어 기획서를 요약해 소개해봅니다. 제목, 참여자, 홍보계획 등은 생략하고, 책이 주고자 하는 메시지와 핵심 키워드, 기획의도만 편집해봤습니다.

● **기획의도**

① 1년살기의 전통을 만들어보고 싶어서

② 1년살기가 1년으로만 끝내는 것이 아니다라는 것을 알리고 싶어서

③ 책쓰기로 멤버들의 자존감을 업그레이드 시키고 싶어서

④ 평범한 사람들의 비범한 이야기를 들려주고 싶어서

⑤ 모든 멤버들을 작가로 데뷔시키고 싶어서

⑥ 요즘 소모임이 많이 생겨나고 있는데, 소모임을 통한 삶의 즐거움의 알리기 위해

⑦ 단순한 엄마들의 모임이 아니라, 삶을 나누고 성장하는 사람들의 모임

⑧ 성장만 하는 것이 아니라, 인간으로서 성숙되어 제대로 된 삶을 살고자 하는 모임

⑨ 나만 생각했던 사람들이 우리가 되었을 때 나오는 힘

⑩ 뭔가 좀 다르게 살고픈 사람들의 모임

①⑤번이 좀 무섭긴 했지만, ③④번이 참 좋았습니다.

• **핵심고객**

① 모임을 만들려고 하는 사람들

② 소모임에 참여하고 싶은 사람들

③ 우울증에 걸렸다가 좋아진 엄마들의 이야기 말고, 삶을 잘 살아내는 사람들의 이야기가 궁금한 사람들

④ 아이 키우는 일을 하고 있지만 나도 크고 싶은 엄마들

⑤ 일년살기를 꾸준하게 눈팅하고 있었던 사람들

⑥ 기존 일년살기 멤버들의 지인들

• 핵심컨셉

① 사람은 좋은 것이 있으면 복사하고 싶은 본성이 있다.
  원래 잘나갔던 사람들이 아닌 나와 비슷한 사람의 변화
  된 모습을 통해서 나는 어떻게 성장했나를 뒤돌아본다.

② 내가 꽤 괜찮은 사람이라는 걸 함께 모인 사람들을 통
  해서 알게 되었다.

③ 손 들면 할 수 있는 이곳. 내가 편집을 잘해서가 아니라
  편집을 배우고 싶었기 때문에 손을 들었고, 그 결과 나
  는 나만의 컨셉으로 유튜버를 꿈꾼다.

④ 말하면 다 되게 만드는 이상한 모임

⑤ 인생 프로젝트를 통해 재미있게 산다!

• 이 책의 메시지

변화와 성장을 원한다면 좋은 사람들과 모여서 시작하라!

• 이 책의 핵심 키워드 5가지

변화, 성숙, 사람, 꿈, 함께하기

이 다섯 개의 키워드가 참 좋았습니다. 공저를 선호하지 않는 편집자인 저를 끌어당긴 이 포인트, 자기계발을 하는 사람들에게 평범하고 당연한 단어일 텐데, 개인적인 성향일 수 있지만, 결국엔 '사람' '잘 살아가고 싶어 하는' 이들에게 아주 필요한 키워드이니까요.

이 모임 멤버들의 첫 책《다시, 시작합니다》가 모임 안에서 변화하고 성장한 개인의 이야기를 담았다면, 두 번째 책은 '하나의 목표를 가지고 1년을 멋지게 살아보는 모임, 1년 살기'를 대놓고 홍보하는, '모임'에 집중하는 컨셉이라 신선하고 좋았습니다. 출간하기로 하고, 원고를 다 썼는데, 코로나가 터졌습니다. 원고내용은 조금씩 방향전환을 해야 했고, 사람들이 대면 모임을 하지 못하는 시기가 계속되자 오히려 '모임'을 더 갈구하고 중요성이 더 부각되기 시작했습니다.

여러 차례 퇴고를 하고 서로 끌어주며 그렇게 두 번째 책이 출간되었고, 초판을 많이 안 찍기도 했지만, 그 어렵다는 중쇄도 들어가는 기염을 토했답니다.

여기서, 밝힙니다. 저는 1년 살기 멤버입니다. 첫 책을 계약하고 '1년 살기' 멤버가 되었습니다. 편집자로서 모임 분위기 한번 기웃거리러 갔다가, 매력에 빠져 가랑비에 옷 젖듯 조금씩 스며들게 되었습니다. 한 달에 한 번 토요일 아침, 그 귀한 시간 쪼개어 나오는 엄마들이라뇨. 저는 종교도 없고 뭔가에 홀랑 빠지는 스타일이 아닌데, 멋진 에너지 가득한 모임 안에서 오랜만에 충만한 느낌을 받고 와서 참 좋았습니다.

그렇게 두 번째 책 《내 인생에 다시없을 1년 살기》에 저도 공저자로 참여했습니다. 사심 가득한 편집자이긴 하지만, 저를 끼워줘서 꼭 그래서 책이 출간된 건 아닙니다. 저는 마지막까지 제 원고를 빼겠다는 생각으로 퇴고를 했고, 결과적으로 몇년 전부터 써온 이 책보다 그 공저가 먼저 출간이 되었네요. 저의 이런 편파적인? 끌림을 제하더라도 기획서에서 편집자를 끌어당기는 포인트가 반드시 하나는 있어야 한다는 걸 말씀드리고 싶었습니다.

출간기획서

가제: _____

저자소개: _____

_____

_____

_____

예상독자: _____

집필의도: _____

_____

_____

_____

예상분량: _____

목차: 〈별첨〉

홍보전략: _____

_____

_____

_____

머리말 써보기

: 이 책을 읽고 싶게 만들어야!

머리말 또는 프롤로그입니다.

머리말, 본문, 맺음말(또는 프롤로그, 본문, 에필로그)의 구성이 보편적인데, 할 말이 많거나 특별히 구분할 필요가 있을 때는 머리말과 프롤로그를 다 쓰기도 합니다.

본문 원고도 독자가 읽는다는 생각을 하며 쓰는 글이지만, 프롤로그는 특히나 독자에게 내가 이 책을 왜 쓰게 되었는지, 이 책에 어떤 내용을 담았는지 책의 구성을 얘기해주면 좋습니다. 프롤로그만 봐도 이 책이 어떤 책인지 예측이 가능하게요. 독자분께 건네는 편지라고 생각하며 쓰시면 됩니다. 어떤 독자들에게 도움이 되고 싶다든지, 어떤 마음가짐으로 읽으면 좋을지에 대한 내용도 좋습니다. 순서대로 읽는 게 좋은지, 아무 곳이나 펼쳐서 눈에 들어오는 곳을 먼저 읽어도 상관없는지를 알려주는 친절함도 좋습니다.

책쓰기를 할 때 머리말을 먼저 쓰고 나서 본문원고 쓰기를 추천드립니다. 그래야 내가 하고자 하는 말이 한 번 더 정리가 되니까요. 본문을 다 쓴 후 마지막에 머리말을 다시 써보시는 작업도 좋습니다.

《안나푸르나에서 밀크티를 마시다》의 초고 프롤로그를 소개해보겠습니다. 책은 교정을 여러 번 거친 결과물이므로 이 원고와는 조금 다릅니다. 편집자도 교정을 보았고, 저자분도 내용을 조금 바꾸셨습니다. 참고해보시면 도움이 되실 듯합니다.

200자 원고지 19매, A4로는 10포인트 줄간격 160%로 했을 때 꽉 채운 2장 분량이었습니다. 실제 책(판형 140×204mm)으로는 꽉 채운 4쪽 분량으로 편집했고, 현재 이 책(판형 128×188mm)으로는 7페이지 분량이 되었습니다.

프 — 롤 —
로 — 그

2014년 1월 1일, 사직서를 냈다. 3월 14일이면 만 2년을 근무하게 되는 터라 눈 딱 감고 그때까지만 버티자고 하루에도 수십 번, 몇 달간 수백번 변을 되뇌었지만 더 이상 견딜 수가 없었다. 퇴직 날을 받고 나니 그렇게 마음이 편할 수가 없었다.

불과 1년 전 정규직으로 전환되어 고용불안에서 벗어나고, 많지는 않으나 고정적인 수입으로 난생 처음 경제적 안정을 누리고 있었고, 믿고 의지하는 좋은 동료들이 있었으며, 일에서 보람도 느꼈지만 내려놓았다. 심한 스트레스로 인해 내 몸과 마음은 만신창이가 되었다. 내가 떠나야 했다. 그 수밖에 없었다.

뒤는 생각하지 않았다. 대책없이 그렇게 사직서를 내고서 네팔로 가는 비행기표를 끊고 여행을 준비했다. 두 달이나 걸릴 여행이었다. 기술도 없고 경력도 없고 똑똑하지도 않고 예쁘지도 않은 35살의 혼자 사는 여자가 앞으로 뭐해서 먹고 살아야 하나 걱정이 되긴

했지만 일단 눈앞의 불부터 끄고 싶었다.

여행에 대한 환상은 없었다. 29살, 생애 첫 배낭여행을 떠났던 때에는 그런 기대가 있었다. 여행으로 힘을 얻고, 다시 한국에 돌아오면 뭔가 새로운 돌파구가 생기지 않을까 하는 기대. 하지만 그런 건 없었다. 기나긴 취업준비 기간 동안 통장 잔고는 나날이 줄어들었고, 면접을 보러 오라는 연락조차 거의 없었다. 최신도 없는 이력서와 자기소개서를 쓰고 고치고 전송하는 날이 늘면서 우울증인 데빼갔다. 1년에 한 번 퇴직지금통에 모은 돈을 입금하는 통장에서 얼마되지도 않는 잔액을 통장 출금한 날은 아직도 기억에 생생하다. 돈 쓰는 게 두려워 누가 만나자는 연락을 해오는 것조차 짐이 났다. 그랬기에 한두 달의 여행은 지리한 일상을 바꿔주는 마법의 묘약이 아니라는 걸 알고 있었다.

그때보다 나이가 더 먹었다. 네팔에서 돌아오면 29살 때보다 더 힘들 거라는 걸 잘 알고 있었다. 어차피 회사를 그만두는 것은 확정된 일이되, 다시 일자리를 구하는 건 쉽지 않을 것이다. 현실적으로 정규직은 불가능하니 기대할 필요도 없다. 내 나이 또래면 이미 대리를 달았을 텐데 나는 신입으로 받아줄 회사가 있을 리 없고, 경력도 없는 내가 갈 만한 경력직도 없었다. 무엇보다도 회사생활에 신물이 나서 어딘가에 어렵게 입사한다 하더라도 잘 적응할 자신이 없었다. 자격증을 따거나 기술을 배운다고 하더라도 금세 일자리가 생기는 것도 아니고, 그동안 이런저런 돈 지출하며 할 것이다. 지금의 내가 갈 수 있는 일자리라고는 단순노동을 하는, 최저임금으로 생색내는 아르바이트나 다름없는 계약직이리라. 그런 직장을 얻기 위해 또다시 이력서와 자기소개서를 잔이 빠지게 쓸 바에는 네팔로 가

겠다. 한국에서의 두 달이나 네팔에서의 두 달이나 뭐가 다르랴. 두 달간 자리를 비운다고 극적인 기회를 놓치는 일따위는 없으리라.

대학생때 인도여행을 다녀온 대학 동기에게서 처음으로 들었던 안나푸르나 트레킹, 잊고 있었던 동아리 관련된 아르바이트를 하면서 다시 그 이름을 접했다. 일반인도 가능한 고산 트레킹, 그저 걸어야 한다는 매력적이었다. 유럽이나 미국 같은 몇몇이전 선진국보다는, 상상도 하지 못했던 전혀 다른 삶의 방식과 가치관으로 살아가는 동남아시아의 작은 나라라는 점도 구미를 당기게 했다. 안나푸르나 산군을 빙 둘러 걷는다니 이 얼마나 흥미진진한가.

처음 안나푸르나 트레킹에 대해 들은 이후로 많은 시간이 흘렀다. 이제는 가야 할 것 같았다. 지금이 아니면 영원히 가지 못할 것 같았다. 여행 경비는 퇴직금으로 충당하면 된다. 소심한 나는 작은 결정을 앞두고는 이것저것 재고 전전긍긍하면서 큰 결정 앞에서는 내일이 없는 사람처럼 단박에 결단을 내리곤 한다. 이번 역시 그랬다. 이성이 온전한 사람이라면 누가 바도 네팔여행은 틀린 결정이라 할 것이다. 하지만 나는 틀린 방향으로 가보기로 했다. 지금껏 잘도 그래왔으니까, 그래서 딱히 손해볼 것도 없었으니까.

부모님도 남자친구도 여행을 가지 말라는 태도가 역력했지만 거세게 반대하지 않았다. 그들은 이미 내 성격을 알고 있었다. 반대하면 할수록 더 하려는 나의 지랄 맞은 성격을 말이다. 고맙게도 그들은 나의 결정을 존중하고 나를 믿어주었다.

평소 인터넷 검색을 귀찮아하는 나는 인터넷 대신 가이드북에 의지해서 여행을 준비했다. 한국인도 많다던데 모르면 물어보면 되고, 관광지나 핸드폰 인프라는 다 갖춰져 있을 거라 느긋하게 생각했다. 직접 경험해보니 틀린 것도 아니었다.

2G 휴대폰이라 로밍은 포기했다. 말레이시아 항공은 카트만두로 향하는 내내 흔들려서 한숨도 못 잤다. 한국에서 산 두꺼운 패딩을 꾹꾹 껴입고 있으니 너무 더워서 알파석의 덩치 큰 남자가 과석을 뒤로 젖히고 자는 바람에 유해달래 못하고 얼른 도착하기만을 기도했다. 힘든 비행 끝에 카트만두에 도착해서 짐을 찾으니 동산스틱이 사라지고 없었다. 한밤중이었지만 다행히 사전에 예약한 피엠시비스 덕분에 안전하게 숙소로 갈 수 있었다.

며칠 뒤 포카라로 간 나는 직접 사무소에 가서 입산서류를 신청했다. 한번 신청한 서류는 몇 번이고 쓸 수 있을 거라 생각했는데 아니었다. 준비 부족으로 치러야 할 대가는 시간과 돈이다. 나는 시간이 넉넉했다. 네팔에서만 두 달 동안 있을 예정이니 말이다. 트레킹만 하고 가자는, 인도여행의 부수적인 코스로 생각하는 네팔에 이렇게 오래 있다는 사실에 사람들은 놀라곤 했다. 나는 급할 게 없었다. 내 발의 물기는 싸고(물론 관광객들한테는 비싸게 받지만 환전 바가지를 쓰지 않는다면 본국과 비교해서 상대적으로 싸다) 여행 초반이라 경비는 넉넉했다. 기왕 쓰는 거 조금 더 쓰고 나중에 아껴기로 했다. 사건사고도 없었고 불미스러운 일도 없었다. 베이스캠프 트레킹은 힘들었으나 즐거웠다. 나는 이제 안나푸르나 일주 트레킹을 준비하고 있다.

한국에 있었다면 난방비 걱정에 보일러를 틀 때마다 불안감에 시달리며 하루 종일 컴퓨터 앞에 앉아 구인광고를 보고 밤이면 술이나 퍼 마시고 있었을 텐데 차라리 네팔에 있는 게 나았다. 몇 달간 혼란과 고통에 시달렸던 나는 차츰 마음의 안정을 찾고 있었다. 산을 걷고 사태를 쏘다니느라 몸도 건강해지고 있었다. 한국에 돌아가 뒤의 일은 그때 고민하기로 했다. 나는 네팔에 있는 지금 이 시간들을 만끽하기로 했다.

프롤로그

2014년 1월 1일, 사직서를 냈다. 3월 14일이면 2년을 근무하게 되는 터라 눈 딱 감고 그때까지만 버티자고 하루에도 수십 번, 몇 달간 수백만 번을 되뇌었지만 더 이상 견딜 수가 없었다. 퇴직 날을 받고 나니 그렇게 마음이 편할 수가 없었다.

불과 일 년 전 정규직으로 전환되어 고용불안에서 벗어났고, 많지는 않으나 고정적인 수입으로 난생 처음 경제적 안정을 누리고 있었고, 믿고 의지하는 좋은 동료들이 있었으며, 일에서 보람도 느꼈지만 다 내려놓았다. 내가 있는 곳이 지옥이었고, 내가 바로 악귀였다.

윤태호의 『미생』에 이런 대사가 나온다.

'매뉴얼보다 중요한 건 사람이죠. 상사로 누굴 만나느냐.'

설립한 지 5년도 채 안 된 회사는 재정적으로 늘 위태로운 상황이었다. 윗분들은 회사의 설립 목적보다 재정적 안정을 우선시했다. 나는 돈을 우선시하는 윗분들의 방침을 받아들일 수 없었다. 그들을 신뢰할 수 없었고 모든 것이 의심스러웠다. 사사건건 반대하고 거부하며 악다구니를 쓰

느라 어느새 나는 껄끄러운 부하, 분란을 일으키는 직원이
되어 있었다. 나 역시도 극심한 스트레스에 몸도 마음도
망가져가고 있었다. 내가 떠나야 했다. 그 수밖에 없었다.

뒤는 생각하지 않았다. 대책 없이 그렇게 사직서를 내고
서는 네팔로 가는 비행기표를 끊고 여행을 준비했다. 두
달이나 걸릴 여행이었다. 기술도 없고 경력도 없고 싹싹
하지도 않고 예쁘지도 않은 33살의 혼자 사는 여자가 앞
으로 뭐해서 먹고 살아야 하냐는 걱정이 들긴 했지만 일단
눈앞의 불부터 끄고 싶었다.
여행에 대한 환상은 없었다. 29살, 생애 첫 배낭여행을 떠
났던 때에는 그런 기대가 있었다. 여행으로 힘을 얻고, 다
시 한국에 들어오면 뭔가 새로운 돌파구가 생기지 않을까
하는 기대. 하지만 그런 건 없었다. 기나긴 취업준비 기간
동안 통장 잔고는 나날이 더 줄어들었고, 면접을 보러 오
라는 연락조차 거의 없었다. 회신도 없는 이력서와 자기
소개서를 쓰고 고치고 전송하는 날이 늘면서 우울증만 더
해갔다. 돈이 없어, 일 년에 한 번 돼지저금통에 모은 돈을
입금하는 통장에서 얼마 되지도 않는 잔액을 몽땅 출금한

날은 아직도 기억에 생생하다. 돈 쓰는 게 두려워 누가 만나자는 연락을 해오는 것조차 겁이 났다. 그랬기에 한두 달의 여행은 지리한 일상을 바꿔주는 마법의 묘약이 아니라는 걸 알고 있었다.

그때보다 나이만 더 먹었다. 네팔에서 돌아오면 29살 때보다 더 힘들 것이라는 걸 잘 알고 있었다. 오히려 너무 잘 알고 있어서 문제였다. 어차피 회사를 그만두는 것은 확정된 일이고, 다시 일자리를 구하는 건 쉽지 않을 것이다. 현실적으로 정규직은 불가능이나 마찬가지니 기대할 필요도 없다. 내 나이 또래면 이미 대리를 달았을 텐데 나를 신입으로 받아줄 회사가 있을 리도 없고, 경력도 없는 내가 갈만한 경력직도 없었다. 무엇보다도 회사생활에 신물이 나서 어딘가에 어렵게 입사한다 하더라도 잘 적응할 자신도 없었다. 자격증을 따거나 기술을 배운다고 하더라도 금세 일자리가 생기는 것도 아니요, 그동안 이런 저런 돈만 지출하게 될 것이다. 지금의 내가 갈 수 있는 일자리라고는 단순 노동을 하는, 최저임금으로 생색내는 아르바이트나 다름없는 계약직이리라. 그런 직장을 얻기 위해 또 다시 이력서와 자기소개서를 진이 빠지게 쓸 바에는 네팔로 가리라. 한국에서의 두 달이나 네팔에서의 두 달이나 뭐가 다르랴. 두 달간 자리를 비운다고 극적인 기회를 놓치는 일 따위는 없으리라.

대학생이었을 때 인도여행을 다녀온 대학 동기에게서 처음으로 들었던 안나푸르나 트레킹. 잊고 있었다가 등산과 관련된 아르바이트를 하면서 다시 그 이름을 접하게 되었다. 일반인도 가능한 고산 트레킹, 하지만 고산병 때문에 위험이 있어 여행보다 모험에 더 가깝게 느껴졌다. 그저 걸어야 한다는 것도 매력적이었다. 유럽이나 미국 같은 멋들어진 선진국보다는 상상도 하지 못했던 전혀 다른 삶의 방식과 가치관으로 살아가는 동남아시아의 작은 나라라는 점도 구미를 당기게 했다. 안나푸르나 산군을 빙 둘러 걷는다니 이 얼마나 흥미진진한가.

처음 안나푸르나 트레킹을 들은 이후로 많은 시간이 흘렀다. 이제는 가야 할 것 같았다. 지금이 아니면 영원히 가지 못할 것 같았다. 여행 경비는 퇴직금으로 충당하면 된다. 소심한 나는 작은 결정을 앞두고는 이것저것 재고 전전긍긍하면서 큰 결정 앞에서는 내일이 없는 사람처럼 단박에 결단을 내리곤 한다. 이번 역시 그랬다. 이성이 온전한 사람이라면 누가 봐도 네팔 여행은 틀린 결정이라 할 것이다. 하지만 나는 틀린 방향으로 가보기로 했다. 지금껏 잘도 그래왔으니까. 그래서 딱히 손해 본 것도 없었으니까. 부모님도 남자친구도 여행을 가지 말라는 태도가 역력했지만 거세게 반대하지 않았다. 그들은 이미 내 성격을 알고 있었다. 반대하면 할수록 더 하려는 나의 지랄 맞은 성격을 말이다. 고맙게도 그들은 나의 결정을 존중하고, 나를 믿고 있었다.

인터넷 검색을 귀찮아하고 싫어하는 아날로그적 감성을 지닌 나는 인터넷 대신 가이드북에 의지해서 여행을 준비했다. 대책 없이 회사를 그만둔 것처럼 대책 없이 여행을 준비했다. 한국인도 많다던데 모르면 물어보면 되고, 관광지니 웬만한 인프라는 다 갖춰져 있을 거라 느긋하게 생각했다. 직접 경험해보니 틀린 것도 아니었다.
2G 핸드폰이라 로밍은 포기했다. 말레이시아 항공은 카트만두로 향하는 내내 흔들려서 한숨도 자지 못했다. 한국에서 산 두꺼운 싸구려 점퍼를 입고 있자니 너무 더웠으

나 앞좌석의 덩치 큰 남자가 좌석을 뒤로 젖히고 자는 바람에 옴짝달싹 못하고 얼른 도착하기만을 기도했다. 힘든 비행 끝에 카트만두에 도착해서 짐을 찾으니 등산스틱이 사라지고 없었다. 야밤에 도착했으나 다행히 사전에 예약한 픽업서비스 덕분에 안전하게 숙소로 갈 수 있었다. 다음날 카트만두의 타멜에서 바가지를 옴팡 쓰고 알록달록한 동남아풍 바지를 샀다. 며칠 뒤 포카라로 간 나는 직접 사무소로 가서 입산 서류를 신청했다. 한 번 신청한 서류는 몇 번이고 쓸 수 있을 거라 생각했는데 아니었다. 베이스캠프 트레킹과 일주 트레킹을 따로 하느라 서류를 두 번 내는 바람에 돈도 2배나 들었다. 베이스캠프 트레킹은 포터 없이 혼자 힘으로 하려다가 입산 첫날 현실을 깨닫고 게스트하우스에서 포터를 구해서 예산보다 더 많은 돈을 지출해야 했다.

준비 부족으로 치러야 할 대가는 시간과 돈이다. 나는 시간이 넉넉했다. 네팔에서만 두 달간 있으니까 말이다. 트레킹만 하고 치고 빠지거나, 인도 여행의 부수적인 코스로 생각하는 네팔에 이렇게 오래 있다는 사실에 사람들은 놀라곤 했다. 나는 급할 게 없었다. 네팔의 물가는 싸고 - 물론 관광객들한테는 비싸게 받지만 과한 바가지를 쓰지 않는다면 본국과 비교해서 상대적으로 싸다 - 여행 초반이라 경비는 넉넉했다.

조바심 갖지 않고, 기왕 쓰는 거 조금 더 쓰고 나중에 아끼자는 생각으로 느긋하게 마음을 먹으니 별다른 불편함이 없었다. 사건사고도 없었고 불미스러운 일도 없었다. 베이스캠프 트레킹은 힘들었으나 즐거웠다.

한국에 있었다면 난방비 걱정에 보일러를 틀 때마다 불안감에 시달리며 하루종일 컴퓨터 앞에 앉아 구인광고를 보고 밤이면 술이나 퍼 마시고 있었을 텐데 차라리 네팔에 있는 게 나았다. 몇 달간 혼란과 고통에 시달리던 나는 차츰 마음의 안정을 찾고 있었다. 산을 걷고, 시내를 쏘다니느라 몸도 건강해지고 있었다. 한국에 돌아간 뒤의 일은 그때 고민하기로 했다. 나는 네팔에 있는 지금 이 시간들을 만끽하기로 했다.

제가 책에서 《안나푸르나에서 밀크티를 마시다》를 참 많이 언급하고 예로 들고 있습니다. 그만큼 이 책을 애정

합니다. 제가 이 책을 만들 수 있어서 행복했고, 지금도 책 소개하는 자리 있으면 이 책을 꼭 빼놓지 않습니다. 보통 책이 출간되면 다시 잘 안 읽습니다. 작가님도 그렇다고들 하시는데, 편집자는 더합니다. 한글파일부터 시작해서 대여섯 번 이상 교정을 보며 읽었으니까요. 그런데 이 책은 출간되고 나서 한 번 정독했고, 가끔 아무 페이지나 펼쳐서 읽어보곤 합니다. 원고분량이 많아서 글자를 작게 했는데, 그래도 술술 읽히는 필력이라 책 속으로 푹 빠져들어 갑니다.

투고를 통해 이런 원고를 만난 게 행운이라 생각합니다.

투고로 만나 더블엔과 여행서 세 권을 진행한 김춘희 작가님의 머리말도 소개해드리고 싶습니다. 지금은 여행에 세이를 거의 안 하고 있는데, 춘희 작가의 처음 원고를 메일로 받았던 더블엔 초창기, 2014년은 제 아이도 어리고 아이와 함께하는 여행에 대한 저의 욕망과 로망이 점철되어 있었던 시기였습니다. 도서관에서 일하고 계시는 사보 기자 출신의 엄마여행자는 여러 출판사에서 시장성이 없다고 튕겨나온 원고로 꾸준히 투고를 하면서 틈틈이 원고

를 쓰고 계셨는데, 제가 덥석 물었습니다. 글이 너무 재밌
었거든요. '내가 재밌으면 진행한다'는 사적인 편집원칙에
따라.

《열세 살 아이와 함께, 유럽》이라는 제목으로 출간한 이
책의 머리말을 한번 읽어보시죠.

또 시험기간이다.

없는 집 제사 돌아오듯 시험이 돌아온다. 자정이 넘었지
만 아이는 아직 책상 앞에 앉아 있다. 작년 이맘때였으면
한창 전쟁중이었을 텐데. 아이는 작년, 대단하다는 중2를
보냈다. 온순하고 순종적이었던 아이의 일탈과 침묵은 낯
설었다. 수다스럽지는 않지만 사근사근 이야기를 들려주
던 아이였는데, 중2가 되더니 기다렸다는 듯 입을 닫았다.
학교에서 종종 전화도 걸려왔다.

'무단 조퇴를 했습니다.' '무단 이탈을 했습니다.'

반 친구들은 한 수 더 떴다. '학교에서 계속 자요.'

그런 아이를 붙들고 나는, 특목고를 얘기하고 명문대를 들
이밀었다.

수순대로 아이는 놀라운 성적표를 받아들고 왔다. 불과 1
년 전, 중학교 첫 시험에서 최고의 점수를 기록했던 그 아
이가 아니었다. 화가 나고 실망스러웠고 그때마다 쉼없이
아이에게 폭탄을 퍼부었다. 중2병은 통과의례일 뿐이라
는데, 그 시간을 통과하며 나는 너무 많은 상처를 아이에
게 주고 있었다.

그때 나는 시간이 지난 유럽여행기를 쓰고 있었다. 가물
가물한 시간을 더듬다가 종종 아이를 불러 기억을 확인했
다. 런던에서 우리가 피쉬앤칩스를 먹었나? 트램을 탔던
거기가 네덜란드였던가? 아이는 눈을 또록또록 굴리며 기
억을 정리해주었다.
정리된 기억 속에 아이의 진짜 모습이 있었다. 낯선 장소,
새로운 사람, 처음인 상황에 두려움이 많은 아이, 그래서
목소리가 작아지고 뒤로 물러나는 아이라는 것. 적응이
끝나고 때가 되면 저절로 앞장서 춤추듯 달려가는 아이라
는 걸 잠시 잊고 있었다.
단지 시간의 문제였다. 한 학년에서 한 달의 공백이 문제가
안 되었던 것처럼, 긴 인생에서 한두 학기의 주춤함 역시

문제가 되지 않으리라. 아이 역시 매섭게 잘못을 지적하는 엄마가 결국 가장 따뜻하게 안아준다는 것을, 맞닥뜨린 문제를 해결하기 전에는 다른 생각을 못하는 단세포엄마가 당장 눈앞에 닥친 성적문제를 묵묵히 기다려주고 있다는 걸 알았다. 여행에서 얻은 값진 수확은 서로를 알게 되었다는 것이다. 아이는 극렬한 반항을 잠시 멈추었고, 나 역시 무자비한 폭탄 투하를 그만두었다. 현재, 평화롭다.

엄마가 도서관에서 일을 하게 되면서, 둘째아이 푸린양은 학교가 끝나면 도서관으로 달려온다. 매일 오후 시간을 온전히 도서관에서 보낸다. 지인들은 도서관에서 노는 아이이니 남다르게 자랄 거라고 얘기한다. 도서관을 놀이터삼아 어린 시절을 보낸 빌 게이츠 이야기를 빠트리지 않으면서. 빌 게이츠는 도서관에서 책과 함께 놀았다. 하지만 푸린양은 그냥 놀기만! 한다. 도서관에서 그냥 놀기만 한 아이가 어찌 성장하는지 그래도 궁금하다면 기대를 말리지는 않겠다. 책 분류만큼은 잘 하겠지. 종이접기책은 600번대에, 제로니모는 800번대에, 엄마가 좋아하는 여행책은 900번대에….

"아이가 기억도 못할 텐데, 고생스럽지 않아요?"

아이와 여행을 다녀오고 나서 가장 흔하게 듣는 말이다. 맞다. 아이들은 절반도 기억하지 못한다. 절반은커녕 눈을 동그랗게 힘주어 뜨며 되묻는다. "내가 거기를?"

아쉽게도, 나 역시 어린 시절 부모님과 함께한 여행이 기억에 없다. 하지만 부모님은 그 시절을 기억한다. 하얀 원피스를 맞춰 입고 해수욕장에 나들이 갔던 일, 높은 계단을 무서워하는 우리 자매를 번쩍 들어 양 옆구리에 끼고 계단을 올라갔던 일, 삼단찬합에 김밥을 가득 싸서 동물원에 갔던 일. 아련한 부모님의 눈동자를 바라보고 있으면, 그 날의 기억이 혼불처럼 날아와 가슴에 새겨진다.

홍콩이건, 영국이건 아이들이 기억하지 못하면 어떠랴. 그 여행을, 그 시간을 내가 기억하는데. 우리 부모님이 나의 시간을 기억하는 것처럼 말이다.

난생 처음인양 눈을 꿈벅거리는 아이에게 깔깔 웃음소리와 징징 울음소리까지도 생생히 들려줄 수 있으니 됐다. 꼬맹이 너희들 때문에 엄청 고생했다고, 정말 힘들었다고. 그런데 너희 덕분에 언제나 우리의 여행이 더욱 빛났다고 얘기해 줄 수 있으니 그것으로 충분하다.

여행은 가슴 한구석에 난로 하나를 품는 일이다. 가슴이 서늘해지는 날, 난로의 온기가 우리를 데워주리라 믿는다. 그 온기가 열정이 되어 지친 우리를 달리게 하리라 믿는다.

나도, 아이들도, 동행자인 친구네 가족도 모두 처음인, 30박 31일짜리 유럽여행 이야기를 이제 시작한다. 모두가 처음이니 고생깨나 하겠다.

6인의 여행단, 건투를 빈다!

이 책을 만들 때 제 아이가 세 살이었고 제가 마흔넷이었는데, 심각하게 '둘째를 낳아야 하지 않을까' 고민했었습니다. 여행지에서 남매의 우애와 든든함이 어찌나 부러웠던지요. 춘희 작가님은 이 책 후로 두 권을 더 출간했습니다. 《아이와 함께 여행하는 6가지 방법》(이 제목은 제가 경제경영서 느낌으로 잡아보고 싶어서 우겨서 잡은 제목입니다) 《글쓰는 엄마의 이탈리아 여행법》이 그 책으로, 이 책들을 읽다 보면 또 뒤늦게 '아이 하나 더 낳을까?' 하는 생각이 스멀스멀 올라옵니다.

여행에세이 두 권을 소개하며 좀 긴 머리말을 알려드렸는데요, 머리말을 이렇게 길게 써야 하나 걱정하지 않으셔도 됩니다. 짧아도 되고, 심지어 머리말이 없는 책도 있습니다.

일상에세이 또는 여행에세이의 머리말은 감성적으로 접근하기 마련인데, 자기계발서나 실용서의 경우 책을 쓰게 된 배경과 책에 무엇을 담고 있는지 등을 담백하게 밝혀주면 좋습니다.

가제《누구나 이모티콘 작가가 될 수 있다》로 투고해주신 어냐 작가님의 원고는 《돈 버는 이모티콘 만들기》라는 제목으로 출간이 되었습니다. 책의 머리말을 소개하며 이 꼭지 글을 마무리하겠습니다.

독자 여러분, 안녕하세요~

첫 페이지를 펼치는 독자님의 마음만큼, 첫 페이지를 쓰고 있는 제 마음도 무척 설렙니다.
내가 만든 이모티콘으로 소중한 사람들과 대화를 나누고, 나의 캐릭터를 사랑받게 할 수 있는 기회는 너무나 가슴

벅찬 행복일 거예요. 어렵고 힘들겠다는 생각보다, 너무 하고 싶고 즐겁겠다는 기대를 했으면 좋겠습니다.

보기만 해도 즐겁고 사랑스러운 이모티콘을 만들고 싶으신가요?
저도 캐릭터와 그림을 좋아해서 이모티콘 작가가 되었답니다. 이 책을 읽는 독자님과 함께 한걸음 한걸음 이모티콘 작가가 되는 즐거운 길을 걷고 싶습니다.

단순히 방법만 알려주기보다 방향을 잡는데 도움이 되었으면 하는 마음으로 책을 썼습니다. 꿈이 현실이 되기까지 많은 시간과 노력이 필요한데, 방향을 잘 잡는다면 길을 더 잘 찾고 즐거움을 빨리 느낄 수 있기 때문입니다. 실력이 어디서 나온다고 생각하시나요? 손? 물론 손도 중요하지만 눈도 굉장히 중요합니다. 안목과 방향을 잘 잡고 부지런히 손을 쓰면 됩니다.

꿈을 꾸는 사람은 아름답고, 꿈을 이루는 사람은 멋있습니다. 지금도 매일 다양한 스타일의 이모티콘들이 출시되고 많은 사람들의 사랑을 받고 있습니다.

정말 즐겁고 좋아하는 일은 에너지부터 다르답니다. 우리

모두 멋진 이모티콘을 만들 수 있습니다.

자, 준비되셨나요?

내 책 머리말에 담을 키워드를 정리해보세요

목차잡기 vs. 그냥 쭉쭉 쓰기
: 나의 스타일 점검하기

  자, 이제 목차를 잡아보기로 하겠습니다. 목차 구성, 어려운 부분입니다.

  목차를 잡는 게 먼저일 것 같은데, 목차를 잡은 후 글을 쓰기 시작해야 할 텐데, 그 목차 잡는 게 어려워서 진도가 안 나간다면 일단 쭉쭉 써보시기를 권합니다. 작가들마다 다릅니다. 꼭 순서대로 해야 하는 건 아닙니다. 개인마다 스타일이 있는데, 목차를 먼저 잡고 써야 중심이 잡히는 분도 있고, 아니면 일단 쓴 후에 카테고리를 묶고 정리하는 게 편한 분도 있습니다. 처음 책을 쓰는데, 내 스타일이 어떤지 잘 모르는 게 당연합니다. 저도 여러 권의 책을 기획해서 한꺼번에 조금씩 글을 쓰고 있는데, 다른 책은 그렇게 목차를 못 잡겠더니, 이 책은 주고자 하는 메시지가 명확해서인지 금세 목차를 잡았습니다.

본인의 스타일일 수도 있고, 책의 주제에 따라 다를 수도 있으니 목차 잡기가 어렵다면 너무 얽매이지 않으시면 좋겠습니다. 하루만에도 가능하고, 2주 정도 시간을 들여 목차를 잡기도 하고 여러 형태로 작업하시는 분들을 봤습니다. 중요한 건 무리하지 않고 본인이 즐거운 방법을 찾아내는 것입니다.

일반적으로 장(챕터)을 4~5개 정도로 나누고 각 장마다 8~10꼭지의 글로 구성하는 게 보통입니다. 이걸 무슨 공식처럼 가르치기도 하던데 꼭 그렇지는 않습니다. 더 크게 나누어 1부 아래 1,2,3,4장 2부 아래 1,2,3,4장 등으로 나누기도 하고, 아예 이런 카테고리 개념 없이 쭉 30~40꼭지의 글을 편집하기도 합니다. 장편소설의 경우 넘버로만 구분하기도 합니다.

예를 들어 전 세계 베스트셀러 작가 팀 페리스의 《타이

탄의 도구들》은 3장으로 구성되어 있는데, '세상에서 가장 성공한 사람들의 비밀' '세상에서 가장 지혜로운 사람들의 비밀' '세상에서 가장 건강한 사람들의 비밀'입니다.

(참고로 이 책은 저자 프로필도 굉장히 길어서 표지 앞날개 뒷날개를 모두 활용하고 있고, 머리말(서문)도 긴 데다, 책이 무얼 말하고자 하는지 누굴 만나서 얘기 들은 걸 엮은 것인지 자세히 설명하고 있습니다. 본문은 인터뷰한 사람들 또는 만나서 함께 식사도 하고 오랜 기간 만나 관계를 유지해오면서 그들에게서 배운 지혜들을 쭉 나열하고 있는데, 너무 성공자들만 다루고 있나 싶지만 그래도 거부감 크지 않게 읽으며 밑줄 그을 대목이 상당합니다.)

육아서를 한번 살펴볼까요. 리플러스 인간연구소 박재연 소장의 《엄마의 말하기 연습》은 크게 두 파트로 나누어 파트 1 '엄마인 나 이해하고 공감하기'에는 11꼭지의 글이, 파트 2 '우리 아이 이해하고 공감하기'에는 23꼭지의 글이 있습니다.

그리고 이 책은 처음에 쓰기 시작할 때 목차를 1장 〈책쓰기〉 2장은 〈출판하기〉로 잡았고 각각 16꼭지, 14꼭지를 계획했습니다. 쓰면서 합치고 새로운 글 넣고 해서 지금은 1장 19꼭지, 2장 12꼭지로 목차가 구성되었습니다.

장강명 작가의 《책 한번 써봅시다》는 큰 챕터 없이 24꼭지의 글과 6꼭지의 부록으로 구성되어 있습니다. 본문 24꼭지에는 책쓰기와 출판에 대한 내용 + 소설가로서 줄 수 있는 장점인 '에세이 쓰기' 5꼭지, '소설 쓰기' 5꼭지, '논픽션 쓰기' 3꼭지가 담겨 있어요.

챕터 없는 책도 괜찮습니다

보통 경제경영서나 자기계발서, 에세이는 장 구성을 하며 나눠주는 게 일반적이었지만 요즘에는 장 구성 없이 쭉 엮기도 합니다. ('쭉쭉 쓰기'를 하면 됩니다!) 이때는 순서가 중요합니다. 퇴고시 또는 편집을 하면서 가능하면 가장 재밌거나 임팩트 있는 글이 앞으로 오는 게 좋은데, 글의 흐름상 시간 순서대로 해야 한다면 앞에 오는 글이 독자들을 휘어잡을 수 있도록 신경을 더 쓰는 게 좋습니다.

'혼자도 결혼도 아닌, 조립식 가족의 탄생'이라는 카피를 달고 출간된 에세이 《여자 둘이 살고 있습니다》는 김하나 작가와 황선우 작가 두 명의 글을 엮은 책인데, 처음에는 같은 상황(같이 살게 된 배경, 집을 구하러 다닐 때의 에피소드 등)을 둘이 각자 주거니 받거니 김/황/김/황 써내려가다가 뒤로 가면서는 김/김/황 이런 식으로 장 구성 없이 46꼭지의 글을 재밌게 엮었습니다.

재미로 따지면 빼놓을 수 없는 소설가 최민석 작가의 에세이 《꽈배기의 멋》도 장 구분 없이 52꼭지의 글을 엮었습니다.

내가 쓰고자 하는 책과 유사한 책의 목차를 참조하는 것도 좋은 방법입니다. 제목을 참조해도 됩니다. 여러분 주변의 책들, 특히 좋아하고 재밌게 읽은 책을 참조하시면 좋습니다. 인터넷서점의 '미리보기'도 잘 되어 있으니 살펴보시면 많은 도움이 됩니다.

내 책의 목차를 정리해보세요

분량의 문제

: 별거 아니지만 모르면 엄청 어려운

책을 쓸 때 얼마나 써야 되는지 묻는 분이 정말 많습니다. 아마 가장 궁금해 하시는 부분인 것 같습니다. 얼마나 써야 책 한 권이 나올 수 있는지 말입니다.

요즘은 얇고 가벼운 책도 많으니 A4 기준 30매 정도로도 충분히 책 한 권이 나옵니다. A4 장수, 원고지 매수, 글자 수 등의 기준보다는 글 한 꼭지를 내가 얼마 정도 써낼 수 있는지를 먼저 아는 게 중요합니다.

(참고로, 글을 쓸 때 한 주제로 한 덩어리의 글을 쓸 때

우리는 '한 꼭지'라는 표현을 합니다. 그리고 분량을 얘기할 때도 출판계에서는 'A4 몇 장' 하는 표현보다 '200자 원고지 몇 매' 하는 표현을 많이 합니다)

참고로, 이 책의 초고는 원고지 530매 분량이었습니다. 이 앞 꼭지의 글 '목차잡기 vs. 그냥 쭉쭉 쓰기'는 책으로 5쪽 분량인데, 200자 원고지 매수로는 14매, A4로는 한 장 반(11pt, 줄간격 180% 기준) 분량입니다.

저는 한글프로그램에 기본세팅된 10포인트에 줄간격 160%의 문서는 읽기가 힘들고 그닥 읽고 싶은 생각이 안 들어서 11pt에 행간 180으로 다시 세팅해서 읽습니다.

보통 본문을 시작할 때 제목과 본문 시작줄 사이에 간격을 제법 띄우고 들어가니, A4 한 장 반이면 책 다섯 쪽이 나온다고 계산해볼 수 있습니다. 200쪽 책을 만들려면 A4 60장 정도 쓰면 됩니다.

본문 시작 전에 머리말, 차례 등등 들어가고, 본격적인 시작은 14쪽 또는 16쪽부터 시작하는 경우가 많고, 맺음말 들어가고 참고문헌 및 부록이 들어간다면 220쪽 전후의 책이 나올 수 있는 것이죠. 머리말과 추천사 등의 앞 글이 길면 본문 첫 페이지가 30쪽이 훌쩍 넘어 시작하기도 합니다. 정혜신 박사의 《당신이 옳다》는 본문이 35쪽에서 시작하는데 글 한 꼭지 분량이 (책 기준) 7~16쪽입니다. 글이 좀 길 때는 내용상 두세 개 정도로 나누어 중간제목을 넣어줍니다. 이 부분은 저자가 글을 쓸 때 나누기도 하고 저자는 길게 통으로 썼지만 편집자가 교정 보며 나누기도 합니다. 《당신이 옳다》는 이런 꼭지글 33개가 모여 에필로그까지 해서 316쪽 분량입니다.

문장 하나하나가 모두 값진 박웅현 선생님의 《책은 도끼다》는 또 어떤가요? 이 책은 경기창조학교 프로그램의 일환으로 진행된 2011년 2~6월까지 강독회 내용을 엮은 것으로, 8강의 주제가 바로 목차가 되었습니다. 본문 중간중간에 한 페이지씩 이미지가 들어갑니다. 멋진 강의는 이렇게 책으로도 많은 사람들에게 전달되어 큰 울림을 오랫동안 공유할 수 있게 해줍니다.

강의를 엮은 책 하니 또 생각나는 책이 있습니다. 뇌를

연구하는 물리학자 정재승 박사의 《열두 발자국》. 이 책도 지난 10년 동안 (2018년 기준) 기업과 일반인을 대상으로 해온 강연 중 흥미로운 12편을 뽑아서 묶으며 그때 미처 하지 못했던 말들을 새롭게 추가해서 구성한 것입니다. 부록(인터뷰 특강)과 앞부분을 제외하고 본문만 해도 350쪽 분량의 두꺼운 책입니다.

강의를 잘하시는 분들은 글쓰기가 어려울 경우 자신의 강의를 녹취해서 풀어내시는 것도 좋습니다. 《엄마반성문》의 저자 이유남 교장선생님도 강의 잘하시기로 무척 유명한 분입니다. 글 쓰실 시간이 없어 강의녹취파일을 딸이 풀어내고 그 글을 읽으며 엄마가 다시 다듬어서 책이 탄생했다고 해요. 덕분에 이유남 선생님의 강의를 못 들었던 많은 엄마들이 책으로 공감하고 지혜를 얻게 되었습니다.

강의 콘텐츠는 많은데 글쓰기에 엄두가 안 나는 분들은 참조하시면 좋겠습니다.

블로그에 콘텐츠가 많이 쌓이신 분들도 이런 방식을 응용해보시면 좋겠습니다. 조회수가 많았던 글, 포털 메인에 노출되었던 글들을 키워드로 잡거나 장 제목으로 잡아 글을 구성하는 방식입니다.

책은 표지 뿐 아니라 본문에도 디자인의 영역이 있습니다. 가독성을 좋게 하기 위해 글씨 크기와 줄간격, 텍스트박스의 사이즈와 내외 여백, 일러스트나 이미지를 넣을지 텍스트로만 구성할지 등등의 디자인이 무척 중요합니다. 디자인에 따라 책의 분량도 달라집니다.

독자로서 좋아하는 작가의 책, 독자로서 좋아하는 출판사의 책을 몇 권 옆에 두고 필사한다 생각하면서 글 몇 꼭지를 입력해보는 방법도 무척 좋습니다. 분량에 대한 두려움이 가실 겁니다.

교양서도 좋고 에세이도 좋고 내가 출간하고 싶은 유사도서도 좋습니다. 내 책이 출판되면 이 작가의 책 옆에 누워 있으면 좋겠다, 생각하며 필사를 해보는 겁니다. A4 몇 페이지가 나오나요? 그런 글이 30~40개 쌓이면 책 한 권이 나옵니다.

이런 식으로 내가 출간하고 싶은 책의 롤모델을 정해서 조금씩 따라해보고 응용해보면, 첫 책쓰기가 그리 막연하지는 않으실 겁니다.

몰라도 그만이지만 알아두면 조금 편한 정보

책은 '판형'이라고 해서 가로 세로 사이즈가 있고, 본문을 펼쳤을 때 텍스트가 놓여 있는 공간의 텍스트 박스 사이즈가 있습니다.

신국판은 가로가 152mm 세로가 225mm입니다. 국전지라는 사이즈의 종이에 인쇄합니다.

더블엔은 신국판 변형 사이즈를 주로 출간합니다. 국전지보다 조금 작은 종이를 사용하여 제작비를 절감하고 있는데, 가로 140mm 세로 204mm입니다. 몇몇 도서를 제외하고 모두 이 판형으로 해서 자칭타칭 '더블엔 판형'입니다. 책을 펼쳤을 때 글이 안쳐져 있는 텍스트 사이즈는 가로 90mm 세로 140mm 정도 됩니다. 원고를 쓸 때, 한글 프로그램에서 이 사이즈로 맞춰두면 실제 책 분량과 비슷해서 가늠도 되고 편합니다. 물론 서체가 다르니 크기와 자간(글자 간격) 행간(줄 간격)도 다르지만 보기 좋게 비슷하게 맞추는 것이지요.

참고로, 이 책은 46판형(가로 128mm 세로 188mm)입니다.

책을 편집할 때에는 인디자인이라는 프로그램으로 새로이 작업을 하므로 한글 프로그램에서는 말 그대로 텍스트 입력만 한다고 생각하셔야 합니다. 도표나 그래프는 새로 작업하거나 이미지화해서 넣어야 합니다. 퇴고 후 원고를 넘길 때 이미지 원고도 함께 넘겨야 하지만 한글에서 세부적인 것까지 다 작업하지는 않으셔도 됩니다. 이 정도만 알고 계셔도 충분합니다.

저는 글을 잘 못 쓰는데요…

: 아, 그러시면 안 됩니다!

　출판사에서 편집을 하며, 출간을 원하는 저자들의 투고 원고를 읽어보며, 많은 생각을 합니다. 참으로 다양한 분야의 분들이 참으로 많은 주제로 책을 내고 싶어 하시는구나, 그리고 그런 분들이 정말 많구나, 를 말입니다. 요즘은 다들 배우고 연습하시는지 글 잘 쓰시는 분들도 정말 많습니다. 깜짝깜짝 놀랍니다. 이 글을 읽으시는 독자분께서 "나는 글을 좀 못 쓰는데…" 하신다면 앗! 많이 노력하셔야 합니다~. 정말입니다.

　좋아하는 작가의 책이나 좋아하는 블로거의 글을 필사해보세요. 따라 쓰기로 시작하지만 어느 순간 본인의 글솜씨가 생겨날 것입니다.

본인의 글실력에 대해 과소평가하시는 분들이 많으신데, 아마 기준점이 달라서 그런가 봅니다. 예전에는 소설가와 시인, 유명하고 훌륭한 문인들이 집필을 하던 시대였지만, 이제는 우리 소소한 일상들도 풀어내고 그걸 읽으며 공감하며 위로받는 시대가 되었어요. 자꾸 읽고 자꾸 쓰다 보면 필력은 늘게 되어 있습니다.

저는 글맛 좋은 원고, 다음 내용이 궁금해지는 내용의 원고를 참 좋아하는데요. 이런 원고, 이런 글을 쓸 수 있는 작가들과만 출판계약을 하는 건 아닙니다. 이런 글맛도 있고, 내용에 충실한 단단한 글을 쓰시는 분도 계시고, 글이 화려하거나 재미있지는 않지만 책을 많이 읽고 생각이 깊은 게 문장에서 나타나는 분도 계십니다. 모두 응원하면서 배우며 책을 만들고 있습니다.

"나는 글을 좀 못 쓰는데…" 하시는 분이라면 글을 못 쓰는 건지, 생각이 잘 정리가 안 되는 건지, 어떻게 하면 좋아질 수 있을지를 잘 고민해보시기를 바랍니다. 기념하기 위해 몇 부 보관하기 위해 만드는 책이 아니라면, 많은 이들이 내 책을 읽고 힘을 얻고 또 그로 인해 내가 성장하길 원한다면 글을 써내는 힘, 글을 다듬으며 내가 치유받는 경험을 해보셔야 합니다.

처음부터 너무 잘 쓰려고 하면 시작도 못하는 경우가 많습니다. 저도 그랬습니다. 일단 쓰고 나중에 다듬자, 해도 시작은 어려운 것입니다. 그러나 시작이 반이라는 말은 정말이었습니다~!

한글 파일 다루기

: 이 책에선 이런 정보도 드립니다

보통 한글프로그램에서 원고 작성을 많이 하실 텐데, 기술적인 부분 두 가지만 말씀드려보겠습니다.

문장을 시작할 때 한 칸 띄우는 문제! 스페이스바를 이용하지 마시고 그냥 작업하시는 게 좋습니다. 편집자가 일일이 다 지워야 합니다. 또는 디자이너가!

"들여쓰기 없이 글을 쓰면 글쓰는 내내 불편해요" 하시는 분들은 글자 위에 커서를 놓고(문장을 드래그하여 블록 처리하셔도 됩니다) Alt+T를 누르면 '문단 모양'을 설정할 수 있는 창이 뜹니다. 여기서 '기본'에서 '첫 줄'을 보면 보통/들여쓰기/내어쓰기 가 있는데 이 중 '들여쓰기' 에 10pt 설정을 하시면 (숫자 10을 입력하고 오른쪽 위의 '설정' 버튼을 누르면 됩니다) 글을 쓰며 엔터키를 누를 때마다 다음 문단은 10pt 들여쓰기가 됩니다. 본문 글자가 10포인트라면 한 글자 공간만큼 띄어쓰기가 되는 겁니다.

또 하나는, 글이 한 꼭지 끝나고 다음 글을 새로운 페이지에서 시작할 때, 일일이 엔터키를 쳐서 다음 페이지로 넘어가지 말고 Ctrl+Enter 키를 누르시는 겁니다. 여기도

마찬가지로 나중에 편집할 때 편집자가 지우든 디자이너가 지우든 일일이 다 지워야 합니다. Ctrl+Enter 한 번이면 아주 편리합니다. (물론 제가 더 편합니다)

이 두 가지는 제가 원고정리를 할 때마다 저자는 물론 번역자분들께 말씀드리고 싶었던 사항입니다. 하염없이 단순작업이 필요한 순간도 가끔 있지만, 드래그, 딜리트, 드래그, 딜리트… 작업은 소모적이라 느껴질 때가 많거든요. 알아두시면 다른 문서 작업할 때에도 편리한 단축키입니다.

하나 더 편리한 거 알려드려볼게요. '스타일 복사'입니다. 제목 부분이나 중간제목 강조 부분을 일일이 블록처리해서 서체 바꾸고 크기 바꾸고 색깔 바꾸고 하는 작업에 시간이 많이 듭니다. 기준 스타일의 글자에 커서를 위치해서 Alt+C를 누르면 이런 창이 뜹니다. (별 모양의 문장 아무 곳에나 커서를 두고 Alt+C를 누릅니다)

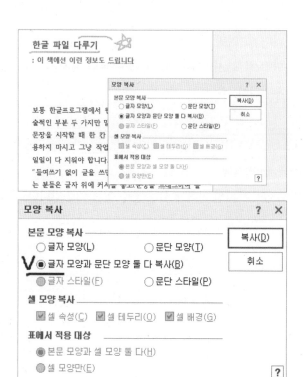

한글 파일 다루기

: 이 책에선 이런 정보도 드립니다

보통 한글프로그램에서 ...
술적인 부분 두 가지만 밀 ...
문장을 시작할 때 한 칸 ...
용하지 마시고 그냥 작업 ...
일일이 다 지워야 합니다. ...
"들여쓰기 없이 글을 쓰다 ...
는 분들은 글자 위에 커서를 놓고 ...

모양 복사   ? ✕

본문 모양 복사
○ 글자 모양(L)   ○ 문단 모양(T)   [복사(D)]
∨ ● 글자 모양과 문단 모양 둘 다 복사(B)   [취소]
  ● 글자 스타일(F)   ○ 문단 스타일(P)

셀 모양 복사
☑ 셀 속성(C)   ☑ 셀 테두리(O)   ☑ 셀 배경(G)

표에서 적용 대상
● 본문 모양과 셀 모양 둘 다(H)
● 셀 모양만(E)   ?

여기서 글자(서체)와 글자의 크기와 색깔만 복사하고 싶
으면 '글자 모양(L)'을 클릭하고, 아니면 들여쓰기와 줄간
격을 복사하고 싶으면 '문단 모양(T)'을 클릭, 둘 다 복사하
고 싶으면 '글자 모양과 문단 모양 둘 다 복사(B)'를 클릭하

시면 됩니다. 그러면 복사가 된 것이고, 추후 원하는 문장
이나 문단을 블록 처리해서 Alt+C를 누르면 복사된 스타
일이 적용됩니다.

Alt+G : 원하는 쪽(페이지) 찾아가기 기능
Ctrl+F : 단어 검색
이것도 알아두시면 편하게 사용할 수 있는 기능입니다.

매일매일 A4 1매를 쓰는 힘

: 2매 쓰셔도 됩니다

요즘 글쓰기 모임이 정말 많습니다. 수업료를 내고 배우기도 하고, 독서모임하는 사람들이 소모임으로 모여서 함께 글을 쓰고 서로 피드백을 주기도 합니다. 한 달에 한두 번 모이더라도 온라인에서 아침마다 서로 인증샷을 올리며 동기부여를 해주고 자극을 받는다고들 하더군요. 멋지십니다. 짝짝짝!!!

사실 조금씩이라도 매일 쓰거나 읽는 일은 결코 쉽지 않습니다. 책을 읽을 때, 시간이 나면 읽어야지 하는 마음가짐과 하루 중 15분이나 30분은 꼭 독서를 위해 시간을 빼놓는 마음가짐은 굉장히 다릅니다. '커피를 마시는 시간은 늘 책을 읽는 시간'이라든지 '아침에 일어나서 30분은 반드시 독서하고 기록을 한다'든지 '잠자리에 들기 전 30분은 꼭 독서!'라든지 책 읽을 시간을 미리 빼놓아야 매일 읽기가 가능한 것처럼,

- 물론, 항상 가방 안에 책이 있어야 하고 소지품에는 늘책이 있어야 합니다. 약속시간에 먼저 나가서 기다리며 책을 읽으면 상대방이 늦더라도 화가 안 납니다. "당신 덕분에 책을 더 읽었어요"가 될 수도 있죠. 이런 것처럼,

글쓰기도 마찬가지입니다. 글을 쓸 시간을 미리 조금이라도 빼놓아야 합니다. 저도 이 책 원고를 쓰며 매번 좌절했습니다. 3일 연달아 쓰면서 진도를 훅 뺐는데, 그 다음 한 달 동안 손을 놓고 있기도 했고, 다시 마음잡고 이틀째 열심히 쓰고 있습니다. 머릿속에 있는 내용을 정리하는 작업인지라 엉덩이만 붙이고 앉으면 정말 휘리릭 쓸 수 있을 것만 같습니다. 그런데 쓰다가 다시 앞으로 가서 앞의 글을 보완하고 있고, 무슨 내용을 더 넣으면 좋겠다 하는 생각이 계속 머릿속에 차오릅니다. 일단 쭉쭉 쓰자, 고 마음

먹고 쓰면서도 자꾸 앞으로 되돌아가서 고치고 있습니다. 이게 저의 스타일이란 걸 알게 되었어요.

저는 새벽형 인간이 아님에도 가끔 새벽 일찍 일어나서 글을 쓰면 하루가 정말 뿌듯합니다. 하루를 길게 열심히 살았다는 느낌이 드는데, 원고까지 썼으니까요!

매일 쓰면 글은 늘게 되어 있습니다. 쓰다 보면 쓸거리가 생기는 신기한 경험도 하게 됩니다. 어떨 때는 머릿속 생각이 날아갈 새라 손이 더 빠르게 타닥타닥 키보드 위를 날아가고 있기도 합니다.

블로그도 좋고 브런치도 좋습니다. 브런치는 진입장벽이 있으니, 더 보람차게 가열차게 쓸 동기가 생겨납니다. 이 글을 쓰며 저도 또 다짐합니다. 내일도 열심히 써야지! 하고 말입니다.

모든 글은 내용이 중요하지만, 일단은 쓰는 습관을 들이는 게 먼저입니다. 자꾸 쓰다 보면 내용이 알차지고 요약하고 정리하는 습관도 자연스레 생겨나니까요. 우리 함께 매일매일 쓰기로 해요.

주변인들 사례

: 상처주지 않는 내용인지 꼭 점검해야

글을 쓰다 보면 내 얘기만 하는 게 아닌, 주변인들 얘기가 들어가기 마련입니다. 친구, 이웃, 부모님, 직장동료, 시댁식구 이야기 등 꼭 뒷담화나 험담이 아니어도 책이 나온 후 당사자가 봤을 때 상처가 되는 글은 아닌지 반드시 점검해볼 필요가 있습니다. 이것저것 다 따지다 보면 쓸 게 없을지도 모르겠습니다.

사실, 제가 에세이를 하나 쓰고 있는데, 그 글이 그렇습니다. 어릴 때 연애이야기를 재밌게 한번 써보자니 남편과 시댁식구가 걸리고, 또 뭐 하나 쓰려니 친정 부모님이 걸

립니다. 대학 입학 전에 빵집 미팅 한번 안 해보고 핑클파마 한번 안 해봤지만(연식 나옵니다) 부모님 생각처럼 또 공부만 착실히 하는 모범생도 아니었다는 뭐 그런 얘기를 굳이 지금에 와서 무용담도 아니고… 빼자, 하다 보니 차 떼고 포 뗀 격입니다. 아이 얘기를 하다 이웃집 엄마 얘기를 쓰게 되면 나중에 그 엄마가 보고 "언니, 그때 그런 마음이었어?" 또는 그때 말 못한 걸 글로 뒷담화하는 꼴이 될까 봐 이래저래 신경이 많이 쓰입니다.

몇 년 전 이야기입니다. 육아에세이 원고를 읽다 보니, 글에 시부모님에 대한 내용이 많았어요. 좋은 점보다는 섭섭하고 이해할 수 없는 부분이 당연히? 많았습니다. 살짝 걱정이 되어 저자분께 연락했습니다.

"책 나오면, 우리 며느리 첫 책이네~ 하시며 시부모님도 좋아하실 텐데, 이런 내용 이렇게 많이 들어가도 될까요?"

독자 입장에서는 충분히 공감하고 함께 공분해줄 수 있는 내용이지만, 출간 후를 그래도 신경써야 합니다. 난이도를 조절하고 요약을 좀 하는 형태로 말이죠. 물론, 책이 나오고 친정 부모님이나 시부모님과의 사이가 더 좋아지기도 합니다. "얘야. 네가 그렇게 힘든 걸 몰랐구나" 하시면서 말입니다.

내 이야기도 '어디까지 공개할 것인가' 잘 판단해야 하는데, 남의 이야기도 실제 당사자가 상처받지 않도록 신경써야 합니다. 글의 구성상 꼭 사례로 넣고 싶을 때에는 이니셜로 표기하는 방법, 주고자 하는 메시지를 중심으로 주변 상황이나 시기를 살짝 변형해서 전달하는 방법을 생각해보시면 좋겠습니다.

글을 쓰면서, 또는 글을 다 쓰고 퇴고하면서, 회사 동료, 몇십 년 지기 친구, 형제자매, 심지어 옛 애인? 등 책에 등장하는 인물들 누군가에게 상처를 주게 될 수도 있는 내용은 없는지 반드시 점검해보시는 게 좋습니다.

우리는 이미 많은 연예인과 유명인들이 방송과 SNS에서 실수를 하고 구설수에 오르는 걸 자주 간접경험하고 있습니다. 타산지석으로 삼아 '멋진 내 책'에는 누군가의 명예를 훼손?한다거나 마음을 아프게 하는 부분은 없는지 잘 살펴야겠습니다.

인용과 저작권 문제

: 남의 글 vs. 나의 글

책 한 권을 쓰며 나의 경험과 생각, 의견만 담기는 힘듭니다. 타인의 책이나 기사를 인용하기도 합니다. 원칙은 저작권자의 허락을 구하고 사용해야 합니다. 책의 앞부분이나 판권지 하단을 보면 이런 문구가 있습니다.

"이 책의 저작권은 저자에게 있습니다. 저작권법에 의해 한국 내에서 보호를 받는 저작물로 무단 전재와 복제를 금합니다. 본서의 일부를 인용 또는 재사용하려면 반드시 저자와 출판사의 동의를 구해야 합니다."

한국저작권위원회의 상담사례에서 찾아봤습니다.

원칙적으로 타인의 저작물을 이용하기 위해서는 저작권
자의 허락을 얻어야 한다. 그러나 창작활동은 무에서 유를
창조하는 것이 아니라 선인들의 문화유산을 통해 새로운
저작물을 탄생시키게 되며, 저작권법의 목적이 저작물의
보호를 통해 창작활동을 촉진하여 궁극적으로 문화 및 관
련 산업의 향상·발전을 달성하려 함에 있음을 고려할 때,
창작행위를 할 경우 일정한 범위에서는 타인의 저작물을
이용할 수 있도록 규정하여 창작을 장려할 필요성이 있다.

저작권법 제28조는 보도·비평·교육·연구 등을 위해서는
공표된 저작물을 정당한 범위 안에서 공정한 관행에 합치
되게 인용할 수 있도록 규정하고 있다. 이 같은 인용규정
의 대표적인 예는 논문 등을 저술하면서 타인의 저작물 일
부를 이용하고 각주로 그 출처를 밝히는 경우이다.

인용에 있어 저작물의 구체적인 분량이 아닌 '부종적 성
질', 즉 인용 대상이 되는 저작물이 주(主)가 아니라 종(從)
이 되는지 여부를 판단하고 있으며, 영리적인 목적에 있어
서는 "반드시 비영리적인 이용이어야만 하는 것은 아니지

만 영리적인 목적을 위한 이용은 비영리적인 이용의 경우에 비하여 자유이용이 허용되는 범위가 상당히 좁아진다.”라고 판단하고 있다. 즉 영리적인 이용이라 하여 인용규정의 적용을 배제할 것은 아니고, 다만 인용의 요건인 ‘정당한 범위’나 ‘공정한 관행’을 판단함에 있어 비영리적 이용에 비해 엄격한 기준을 적용하여야 할 것이며, 특히 일반수요자들의 시장수요를 상당히 대체하는지 여부도 엄격하게 고려될 것이다.

법은 굉장히 까다롭고 어렵게 느껴지지만 결국 ‘인용’은 ‘주’된 나의 생각이나 의견을 뒷받침하는 ‘종’의 역할을 해야 하며, 그 분량이 원저작물에 대한 시장수요를 대체할 수 있는 정도가 되어서는 안 된다는 내용입니다.

내 글이 중요한 만큼 내가 인용하고자 하는 타인의 글에 대한 권리도 지켜주어야 합니다. 애매하거나 궁금한 점은 한국저작권위원회(www.copyright.or.kr)에 확인해보시기 바랍니다. ‘시’를 인용하게 될 경우에는 저작권에 대해 한국문예학술저작권협회에 알아보시면 됩니다.

송편의 지극히 사적인 추천도서

: 저는 재밌는 책을 좋아하는군요!

송편이 누구냐구요? 아, 접니다. 송현옥 편집장을 줄여서 '송편'이라고들 불러주십니다.

글쓰기 노하우를 담은 책은 아니고, 이렇게 쓰는 방법도 있구나, 하고 참고하실 만한 책과 글쓰기 동력을 얻을 수 있는 책을 소개드리려고 합니다.

1. 괄호 안 설명을 이렇게 재밌게~

작은 출판사들의 연합 에세이 '아무튼' 시리즈 몇 권을 읽었는데, 저는 《아무튼, 떡볶이》가 참 재미있었습니다. 요조를 잘 모르는데, 이 책을 보고 글에 반했어요. 꼭 한번 읽어보시면 좋겠습니다. 떡볶이가 먹어 싶어질 것이며, 나도 이렇게 글 써봐야지 욕심이 생길 수도 있습니다. 괄호 열고 그 안에 사람을 설명하는 요조의 방식이 아주 상큼합니다. 앞으로 글쓰기에 저 이거 응용해보려 합니다.

이런 식이에요.

<u>허세과(기타 세션)와 서울 홍대를 걷고 있었다.</u>

그다음에 나오는 허세과는 <u>(고상하신 기타 세션)</u>으로 표현하고, 그다음에 나오는 허세과는 <u>(고결하고 고상하신 기타 세션)</u>으로 설명합니다. 엄마 아버지에 대한 내용이 나올 때에는 이름 먼저 쓰고 괄호 안에 (어머니) (아버지)라고 썼는데 이 방식 신선했습니다.

2. 이다 체와 입니다 체를 적절히 섞어서~

책 한 권 안에서 보통 어투를 통일하는 게 일반적인데, 이 분 책 보며 아, 이런 글쓰기도 가능하구나, 싶었습니다. 신예희 작가의 《지속가능한 반백수 생활을 위하여》입니다. 필력과 내공이 있어서인지 전혀 어색하지 않았어요. 작가와 함께 앉아서 수다를 떠는 느낌. 이런 식입니다.

마흔 넘어 운전을 시작하며, 자동차를 사기 위해 집 근처
의 차량 전시장을 방문했다. 마침 남자친구도 쉬는 날이라
내가 미리 점찍어둔 차를 함께 요리조리 살펴보는데, 영업
사원은 오로지 남자친구만 바라보며 친절하게 설명을 해
주었다. 누가 보면 한눈에 반한 줄 알겠어요.

괄호 안에 넣어서 설명하는 형식이 아니라, 그냥 이렇게
본문이 쭈욱 흘러가는데 재밌습니다.

3. 책은 쓰고 싶은데 자신감이 없을 때

얼마 전, 소설가 장강명 작가의 책쓰기 책이 나왔습니
다. 《책 한번 써봅시다》입니다.

작가는 '책 중심 사회'를 위해 저자가 더 많아져야 한다
고 말합니다. '지금, 여기'의 문제에 대해 책을 쓰고, 사람들
이 그걸 읽고, 그 책의 의견을 보완하거나 거기에 반박하
기 위해 다시 책을 쓰는 사회라고요.

"내가 뭐라고… 책을 써도 될까요?" "이런 책은 나도 쓰
겠다, 고 욕하는 사람들이 있으면 어떡하죠?" 걱정되시는
분들께 강추합니다. 시작을 하거나 또는 다시 글쓰는 동력

을 얻을 수 있습니다.

장강명 작가님은 "써야 하는 사람은 써야 한다"고 말합니다. (작가님, 제말이요!!! 쓰고 싶은 사람은 써야 해요!) 우리사회에 만연한 공허감이 바로 창작의 욕망을 억지로 누른 결과라고 표현하는 대목에서는 무릎을 쳤습니다. 책 쓰기에 대한 좀더 거시적인 의미와 '나의 머스트비'도 찾으실 수 있습니다.

《책 한번 써봅시다》 책에서 소개하고 있는 책들도 함께 읽어보시면 좋을 것 같습니다.

장 작가님의 책 《책 한번 써봅시다》나 이 책 《출판사 편집장이 알려주는 책쓰기부터 책출판까지》는 글쓰기와 책 쓰기 비법을 담은 책은 아닙니다. 책은 쓰고 싶은데 마음이 흔들리고 있는 예비저자분들의 마음을 다잡는데 도움을 주고, 놓치기 쉬운 기본적인 것들을 짚어주는 역할을 하고 있다는 게 맞습니다. 장 작가님의 책은 소설, 에세이, 논픽션 쓰기에서 알면 좋은 것들이 담겨 있고, 이 책은 본격적으로 실전에 돌입!하여 원고를 쓰고 투고하시는데 필요한 정보들을 많이 담으려고 노력했습니다. 많은 도움 얻으시면 좋겠습니다.

다시, 기획서 작성

: 글을 쓰며 계속 수정합니다

요즘은 원고 완료 후 투고하는 게 아니라 글을 조금 쓴 후 출판사에 먼저 투고하시는 분들도 있습니다. 1차 투고, 2차 투고라 부르더군요. 원고를 다 쓴 후 내용을 대폭 수정하는 건 힘든 작업이니 미리 글이 어떤지 피드백을 받아보고 싶고, 글의 방향이 잘 흘러가고 있는지 확인하고 싶어서 라고 하더군요. 글과 주제가 좋으면 원고 완성 전에도 계약을 할 수도 있고 말입니다.

여기에 함께 가는 게 바로 '출간기획서'입니다.

원고 쓰기 전에 미리 작성해본 기획서는 계속 수정하고

보완하며 업그레이드 해야 합니다. 형식적인 문서가 아니라, 내 원고 내 책을 보여주는 한 페이지짜리 제안서입니다. 유사도서나 경쟁도서 분석도 좋습니다. 유사도서들의 장단점, 그리고 내 책의 장점(단점을 쓰시는 분들은 못봤습니다만)을 써주는 것이죠. 더 나아가 경쟁도서 옆에 내 책이 누워 있고 그 책보다 더 잘 팔리는 책을 만들고 싶다는 욕심을 부려보시는 것도 좋습니다.

번역서의 경우를 예로 들어보겠습니다. 번역서는 보통 편집자가 외서를 검색하거나, 출판번역 에이전시에서 출판사에 소개한 책을 검토하는 방식으로 시작이 됩니다. 에이전시가 보내오는 책소개 정보(주제/저자소개/목차/내용요약 문서 - 기획서와 같은 맥락입니다)를 보고 관심이 있으면 꼼꼼히 검토해보고 싶으니 원서를 보내달라고 요청하는 것이죠.

그리고 전문번역가에게 원고료를 지급하고 세부검토를 요청하고, 원서의 전체 구성도 본 후 계약오퍼를 넣고 진행합니다.

국내서든 번역서든 가장 중요한 건 당연히 책의 내용입니다. 책 내용이 좋다고 했을 때 기획서까지 좋다면 선택받을 수 있는 확률이 높아지는 것이지요. 처음 편집자의 관심을 끄는 건 기획서이니까요.

기획서를 여러 차례 수정해가며 내가 쓰고 싶었던 글을 발견하게 되기도 하니, 기획서도 자주 보완해가는 방법을 권해드립니다.

퇴고

: 좋지 않은 습관과 알아두면 좋은 것들

책출간을 위해 하나의 주제를 갖고 글을 썼지만, 글들이 다 모인 후 다시 한번 읽어보면 '이 글을 왜 썼지?' '앞에 했던 말을 또 했네' '이 글은 저 글과 합쳐서 하나로 만들어야겠다' 하는 생각들이 차오르게 됩니다. 다듬는 이 과정을 '퇴고'라고 합니다. 다듬고 정리하다가 새로 쓰고 싶은 글이 생기기도 합니다.

글을 다 쓴 후 머리말과 맺음말을 쓰는 경우도 있고, 머리말을 먼저 쓰고 원고를 쓰고 퇴고 후 맺음말을 쓰기도 합니다. 저는 후자를 좋아합니다.

머리말은 내가 이 책을 왜 쓰게 되었는지, 누가 읽으면 좋겠는지를 생각하며 '시작이 반'이라는 기분으로 쓰는 것이고, 본문 원고를 다 쓴 후 글을 쓰기 전과 달라진(더 확장되고 성숙해진) 생각을 쓰는 게 맺음말입니다. 머리말과 맺음말은 이렇게 시간 차를 두고 쓰는 게 좋다고 생각합니다. 글을 쓰다 보니 처음의 의도와 달리 글이 흘러갔다면, 마지막에 머리말을 다시 쓸 수도 있어요.

　퇴고를 할 때에는 전체를 바라보는 눈으로 러프하게 읽어보는 것 한 번, 그리고 세부적으로 중언부언 쓸 데 없어 보이고 무리하게 많은 반복이 없는지 살펴보는 것 한 번, 맞춤법 체크 한 번, 이렇게 세 번 정도 하는 게 좋습니다.

　여기서 저자분들이 많이 힘들어하시는 게 맞춤법입니다. 헷갈리는 맞춤법이나 띄어쓰기가 많습니다. 출판사 편집자가 이런 거 교정하는 일을 하지만, 그래도 너무 많이 틀린 원고는 퇴고 안 하고 그냥 보내셨구나, 하는 느낌을 지울 수가 없습니다. 책을 여러 권 낸 분의 원고가 이런 경우도 많습니다. 습관이라 생각합니다. 너무 많이 봐서 지

겹기도 하시겠지만, 편집자만 믿고 던지진 말아주세요. 문서 프로그램에서 봐주는 맞춤법과 포털의 사전 기능을 활용하여 기본적으로 한 번은 체크를 하시는 게 좋습니다.

그리고, 저자마다 즐겨쓰는 표현이 있는데, 자주 반복되면 가독성이 떨어지고 눈에 거슬릴 수 있습니다. 본인은 잘 못 느끼시기 마련입니다.

- 유독 접속사를 많이 쓴다거나
  (웬만한 글은 그리고, 하지만, 왜냐하면, 등의 접속사가 없어도 앞뒤 문맥으로 술술 읽힙니다. 왜냐하면, 으로 시작하지 않아도 ~때문이다.로 끝나면 내용이 다 연결됩니다)
- 무의식적으로 문장 안에 '것'을 수없이 쓴다거나
  (문장을 쪼개거나 '것'을 빼고 다른 단어를 쓰거나 여러 번 나올 경우 '건' '게' 로 바꿔주는 방법도 있습니다)
- 말줄임표를 너무 많이 쓰는 경우
- 쉼표가 하나도 없는 경우
- 반대로 쉼표가 너무 많은 경우

- ~같다 라는 표현도 습관입니다. 내 마음을 내가 잘 모른다는 뜻이 되고, 내가 했던 일인데 기억이 정확하지 않다는 뜻이 됩니다.

저자마다 즐겨쓰고 생략하는 부분들이 있습니다. 저는 교정을 보며 그런 부분들을 말씀드리고, "제가 이렇게 바꿉니다" 하는데, 그 저자와 다음 책을 진행할 때 보면 그 내용들을 또 교정봐야 하는 경우가 많습니다. 안 달라지는 것이죠.

그렇더라도 내가 즐겨 사용하는 단어나 글쓰기 습관이 어떠한지 알고 계셔야 합니다.

틀리기 쉬운 표현들

- **다르다 vs. 틀리다**

  다르다의 반대는 같다 (차이를 뜻합니다)

  틀리다의 반대는 맞다 (옳고 그름을 뜻합니다)

- **높임말** : 무엇을 높이나요? 사람만 높여주세요. 또는 너무 겸손하여 많은 사람들과 상황을 모두 높이는 경우가

있는데, 적당히 쳐내는 게 좋습니다.

- **우리나라 저희나라** : 저희나라라고 하지 마세요. 너무 겸
  손한 게 아니라 너무 모르는 것

- **'의'와 '에'** : 의외로 이걸 많이들 틀리시더군요. '나의 사
  랑'을 '나에 사랑'으로 말입니다. 소유를 뜻하는 건 '의'
  입니다. 나의 책, 너의 마음, 우리의 정원 이렇게 써야
  합니다. 나에 책, 너에 마음은 땡!!

없어도 되는 표현

- **즉, 다시 말하면,** : 어렵게 쓰고 쉽게 풀어주는 방식? 그
  냥 쉽게 쓰세요. 한 번 쓰고 또 풀어서 자세히 설명해주
  는 친절한 느낌이라기 보다는 앞서 사용한 어렵게 쓴
  부분을 생략해도 된다는 느낌이 듭니다.

- **~ 것 같다.** : 정말 잘 몰라서 예측이나 추측하는 경우에
  는 사용하지만, 내 생각이나 내 의견에 무의식적으로
  쓰고 있지 않은지 점검해보세요.

- **앞서 말했듯, 앞에서도 밝혔지만** : 여러 번 나올 수밖에 없
  다면 강조하거나 꼭 필요해서일 텐데, 굳이 '앞에서도

밝혔지만'을 쓰지 않아도 됩니다. 한두 번은 괜찮지만 자꾸 그 표현이 나오면 사족 같은 느낌이 듭니다.

마지막으로, 단어표현의 문제를 잠깐 짚고 넘어갈까 합니다. 외래어 표기부분입니다. 우리가 일상에서 쓰는 발음과 맞춤법 규정이 다른 경우 아주 어색합니다. 콘셉트, 보디 등을 예로 들 수 있는데요. 저는 우리가 일상에서 사용하는 발음으로 표기를 합니다. 저자분과 상의하여 그냥 우리가 흔히 쓰는 말로 표현하자고 협의하고 본문 시작 전에 '일러두기' 조항을 넣는데 독자분들께 "그래도 그건 아니지" 하는 욕을 먹기도 합니다. (덜덜덜) 이쁘다, 짜장면도 맞춤법상 틀린 단어였지만, 실제 사용자들의 욕구에 맞춰 표준어로 인정이 되었습니다. ^^

투고

: 글 쓰시느라 수고하셨습니다

글 쓰시느라 고생 많으셨습니다. 이제 '투고의 벽'이 남았군요. 본격적인 투고는 다음 장에서 알아보고, 여기서는 투고하기 전 챙기면 좋을 사항들에 대해 말씀드릴까 합니다.

파일은 하나로

파일은 하나로 합쳐서 보내주시면 좋습니다. 보통 텍스트 위주의 원고는 하나의 파일로 주시지만, 사진 이미지가 들어간다든지, 도표가 들어가는 용량이 큰 원고는 꼭지별로 보내시는 경우가 있습니다. 입장을 바꾸어 생각해보시면 쉽게 알아차리실 수 있습니다.

40꼭지의 글이라면, 40번 다운로드 받아서 40번 열어야 합니다. 압축해서 보내주시면 다운로드는 한 번, 파일 열기는 40번! 물론, 요즘 투고는 이런 방식은 아니지만 계약후 본격적인 책 진행에서도 한 꼭지씩 글을 쓰고 압축파일을 보내시는 저자분들이 계십니다. 상당히 불편하고 소모적인 작업의 연속입니다. 파일을 하나로 합친 후 순서대로 쭈욱 연결해서 읽어보시는 건 저자분이 마지막으로 한 번 꼭 해보셔야 하는 작업입니다. '제 원고 한번 읽어보세요' 하며 블로그나 브런치 주소를 링크만 해놓는 분들도 계십니다. 바쁜 편집자들이 시간 내서 링크 타고 가서 읽어보기 힘듭니다. 아예 못 읽어보기도 하고, 저는 사실 그렇게 몇 번 읽어보며 메모해둔 걸 며칠 지나 까먹기도 합니다. 시간은 들였는데 저자나 편집자나 발전적인 성과가 하나도 없는 셈입니다.

아래한글이나 워드파일보다 pdf 파일이 더 좋습니다. 어차피 읽어보는 용도이지 작업할 게 아니니 최대한 보기편하게 보내시면 편집자가 좋아합니다. (물론, 저자는 원본 파일을 갖고 계셔야 합니다. 추후 출판을 위한 작업에 들어갈 때는 문서 파일로 변환을 해야지, pdf 파일에서 텍스트를 긁어오는 작업은 굉장히 소모적입니다)

이미지가 많이 들어가는 경우는 어떤 사진이 어느 자리에 들어가는지 배치하여 보내주시면 좋습니다. 책을 펼쳤을 때처럼 2쪽 펼침면으로 저장해서 보내주시면 최상입니다. 또는 A4 용지를 가로로 해서 2단 구성으로 작업을 하면 한 페이지가 두 쪽으로 보이니 그 방법도 좋습니다. 투고원고 파일은 원고 구성이 어떠한지 출판사에 보여주는 프레젠테이션 문서입니다.

책을 만들며 편집자가 독자를 위해 가독성 있게 편집하려 애쓰는 것처럼, 투고를 하실 때는 1차 독자, 첫 독자인 편집자 보기 편하게 조금만 노력하시면 눈에 띌 확률이 높아집니다.

원고 작성과 투고 준비에 도움될 수 있도록 편집장의 원고선택 tip 10을 뽑아보았습니다. 책 앞의 투고원고 검토 체크리스트에 대한 부연설명이며, 김우태 작가 님의 《내 인생의 첫 책쓰기》에 실린 내용의 업그레이드 버전입니다. 요 정도 되겠습니다.

1. 출판사가 주력하고자 하는 분야의 원고인가?

더블엔은 소설과 시는 출간하지 않습니다. 규모가 작은 출판사가 너무 광범위한 분야를 건드리면 저자분에게도 출판사에게도 이익 될 게 없다는 생각입니다. 저는 다른 편집자가 만든 소설을 즐겨 읽습니다.

2. 저자의 현재 프로필과 연관된 주제의 글인가? 저자 자신의 관심사, 잘 쓸 수 있는 것으로 주제를 잡았는가?

전문가만이 책을 쓸 수 있는 건 아닙니다. 오히려 초보자가 공부해온 내용을 정리하면, 다른 초보자와 입문자에게 더 도움이 될 수 있습니다. 전문성이 아니라 사람과 주제가 어울리는지를 봅니다.

3. 원고를 한 줄 요약했을 때 매력적인가?

같은 주제여도 쓰는 사람에 따라 전개와 구성이 달라집니다. 차별화 포인트가 무엇인지? 첫 번째 독자인 편집자에게 매력적인 내용인지를 봅니다.

4. 책이 나온 후 저자의 활동범위가 넓어질 수 있는가? 작가 타이틀 얻는 것 외에 책을 통해 성장할 수 있는 무언가가 있는가?

작가와 출판사가 함께 성장할 수 있을지를 봅니다.

5. 다작 혹은 너무 다른 분야의 책을 자주 쏟아내고 있지는 않은지?

1년에 서너 권의 원고를 써낼 수 있는 끈기와 집중력은 대단하지만, 분야가 같든 다르든 다작을 하는 건 각 책에 대한 집중도가 떨어지기 마련입니다. 1년에 한 권, 2~3년에 한 권 정도의 목표를 갖고 꾸준히 쓰시는 걸 권합니다.

6. 누가 읽을 것인가?

독자층이 좁고 얕을 것 같아도 확실해 보이면 솔깃합니다. 저자가 잡은 독자층과 편집자가 보는 독자층이 다를 수 있습니다. 그래도 누가 읽을지를 생각하며 글을 써야 합니다. 독자가 읽는 책 출간이 목표니까요~.

7. 재밌게 썼는가?

필력이 부족하면 필사를 하든 공부를 하든 본인의 필력을 만들어야 합니다. 주변에서 글을 잘 쓴다고 칭찬해주거나, 책 써봐, 하는 말을 들었다면 글을 잘 쓰는 것이니 너무 기준점을 높게 잡고 위축되지 마세요. 대외적으로는 겸손하여도 마음 속으로는 '내가 글을 좀 쓰지' 하고 자신감을 가지세요.

주제가 꼭 독특해야 하는 건 아닙니다. 주제가 평범하더라도 저자만의 독특한 시각이 담겨 있다면, 또는 낯선 주제를 솔깃하게 풀어냈다면 끝까지 읽어보고 싶

어집니다. 독자가 왜 이 책을 집어들지를 생각하며 써
야 합니다.

8. 실용서의 경우 실제 사례가 많은가?

남의 책 인용에 지나치게 의존하지 않아야 합니다.

9. 일정이 빡빡한가?

출판사는 보통 6개월 정도 이상의 일정이 계획되어 있
는데, 그 틈을 비집고 들어가기란 쉬운 일이 아닙니다.
저자가 완성된 원고로 투고하면서 두세 달 안에 출간
되기를 희망한다면, 출판사는 일정이 빡빡해지더라도
출간하고 싶은지를 따지게 됩니다. 더불어 그 원고가
시기적으로 좀 늦어져도 되는 것인지 반드시 두세 달
안에 나와야 판매가 높을 것인지도 따져봅니다.

10. 홍보는 같이 하는 것!

블로그 및 SNS 파워가 크면 좋겠지만 그렇지 않아도
지속적으로 하겠다는 의지가 있다면 OK!

더블엔의 원고선정 기준을 대략 정리해봤는데요. 사실 저 기준에서 벗어난 원고도 제법 출간했습니다. 저자에게 특별한 홍보전략이 없더라도, 원고를 하나하나 다운로드 받고 저장하는 데만 한참 걸리도록 불편하게 보냈더라도, 내용이 좋아서 편집자가 욕심을 부린다면, 손해 보지 않을 만큼 손익분기점은 넘길 만큼 팔 자신이 있다면, 출판사는 진행합니다.

하나 더 중요한 팁을 알려드리자면, 창업을 한 지 얼마 되지 않은 작은 출판사라면 투고원고를 눈여겨볼 확률이 더 높습니다. 우리 출판사는 이런 괜찮은 책 출간합니다, 하고 출판사 도서목록을 채우는데 원고가 많이 필요한 시점일 수 있습니다.

출판사 창업일을 어떻게 알 수 있냐구요? 책 맨 뒤 또는 앞 2p 정도(더블엔 도서는 항상 2p)에 판권지를 보면 출판등록일자가 나옵니다. 더블엔은 2011년 3월에 출판등록을 하고, 첫 책은 2013년 11월에 출판했습니다. 준비기간이 길었네요.

출판시장은 항상 어렵지만 베스트셀러가 꼭 큰 출판사

에서만 나오는 것도 아니고 꼭 유명작가의 책만 베스트셀러가 되는 건 아니니 함께 힘을 내보기로 해요.

책은 저자와 편집자가 함께 만드는 것이지, 일단 원고만 써서 넘기면 '황금손'을 가진 편집자가 알아서 샥샥샥 멋지게 탈바꿈시켜 놓는 작품이 아닙니다.

좋은 콘텐츠를 그에 잘 어울리는 포장지에, 출판사와 저자가 함께 의견을 조율하며 즐겁게 진행할 수 있다면, 멋진 책이 나올 수 있습니다.

PART 002

출판 계약 잘하고
멋진 책 만들기

책이 출판되는 과정

: 아이디어에서 실물 도서까지

책은 크게 기획, 원고 작성, 편집, 제작의 과정을 거쳐 태어납니다. 기획을 작가님이 먼저 해서 원고를 쓰고 출판사에 투고를 하는 방법이 있고, 출판사 기획자 또는 편집자(마케터도 기획합니다!)가 기획을 하고 그 글을 잘 쓸 만한 저자를 물색하여 진행을 하는 방법이 있습니다. 이 책의 독자분들은 전자가 대부분이실 테니, 기획과 원고 작성까지 진행되어 있는 셈입니다. 그럼, 출판사 편집자가 편집을 하고 북디자이너가 디자인을 해서 제작(인쇄, 제본)에 들어가면 멋진 한 권의 책이 출간되는 것이죠!

출판사는 보통 6개월 이상의 출간예정도서를 준비하고 있습니다. 한 편집자가 한꺼번에 진행하는 원고가 2~3개 이상입니다. 한 원고에만 매달려 있지 않습니다. 곧 출간될 책 진행과 더불어 출간 후 홍보 준비, 집필 중인 다른 저자의 원고 진척사항 확인, 번역서의 경우 역자와 일정 조율 및 진행상황 확인, 새로운 도서 기획 등 편집자는 무척할 일이 많습니다. 원고마감일이 늦어지거나 저자가 집필을 더 이상 하지 못하면 얼른 다른 원고를 투입하여 진행해야 하는 것도 편집자의 주요업무입니다. '투고원고 검토'는 후순위로 밀려나기 쉬울 수밖에 없습니다.

그럼에도 불구하고, 편집자를 붙잡고 홀리는 원고는 반드시 있습니다. 출판사 편집자의 기획방향과 저자의 기획의도가 잘 맞아떨어지면 출판 계약이 쉽게 이루어집니다.

계약을 하고 나면, 곧바로 진행하고 책으로 나오느냐? 대부분 그렇지 못합니다. 바로 진행에 들어가면 한 달 보름 정도 후에 출간될 수 있지만, 미리 진행중이던 책이 있고, 그 후에 출간될 책들이 순서대로 대기 중입니다. 빠르면 4개월 후, 심지어 1년 후에 출간될 수도 있습니다. 출간

시기와 상관없는 원고일 수도 있겠지만 계절을 타는 내용이거나 시기적으로 빨리 나와야 한다면 출판사와 잘 의논해야 합니다.

본격적으로 작업에 들어가볼까요?

편집자가 원고를 한 번 더 훑어본 후 개고를 원하기도 합니다. 순서를 바꾼다든지 내용을 보완하는 등의 원고 다듬는 작업이, 저자가 스스로 퇴고한 작업과 별개로, 다시 여러 차례 진행될 수 있습니다.

그후 편집자가 교정을 보고, 디자이너와 의논하여 본문 작업에 들어갑니다. 도표나 그래프는 해상도 좋은 이미지를 전달해주어야 합니다. 계약서에도 명시되어 있지만, 원고에는 텍스트 뿐만이 아니라 그래프 데이터 이미지 데이터도 포함이 됩니다. 저작권 문제가 있으니 그래프 데이터를 그대로 쓸 수 없어 다시 그려야 하더라도 원본을 참고하여 그려야 하므로 해상도 좋은 원본은 꼭 그려주시거나 갖고 계셔야 합니다.

이렇게 작업을 하는 동시에 편집자는 저자와 상의하거

나 알아서 제목을 정하고, 디자이너에게 표지를 의뢰합니다. 제목이 정해지지 않으면 표지를 발주할 수 없습니다. "일단 잡아주세요" 하고 나서 바꾸고 또 바꾸고 할 수는 없습니다. 전혀 효율적이지 않죠. 시간이 단축되는 것도 아닙니다.

제목을 정하고, 표지에 사진을 넣을지 일러스트를 넣을지 이미지 없이 타이포로만 할 것인지 정해서 (이 모두는 저자, 편집자, 디자이너가 의논하여 함께 정하는 게 가장 좋습니다) 표지를 발주합니다.

디자이너는 1주일쯤 후에 표지시안을 세 가지 정도 보내옵니다. 딱 두 가지만 보내고 둘 중 하나 고르라고 하는 디자이너도 있고, 대여섯 가지 시안을 보내주는 디자이너도 있고 성향에 따라 다릅니다. 또 원래는 세 가지 정도 시안을 잡지만, 어려워서(저자가 까다롭거나 편집자가 까다롭거나 표지 잡는 데 유독 감이 안 와서 어렵거나 등등의 이유로) 대여섯 가지 시안을 잡는 경우도 있습니다.

여기서 맘에 드는 표지가 있으면 진행이 순조로운데 그렇지 않고 2차 시안을 요구하고 3차 시안을 요구하면 디자이너도 편집자도 힘들어집니다.

이런 과정을 통해 표지가 정해지고 본문은 3~5교 정도 교정과 수정을 거쳐 마무리하면 인쇄소에 데이터를 넘기고 말 그대로 '책 제작'에 들어갑니다. 인쇄와 제본에 1주일 정도 걸리고, 제작이 완료되면 출판사 물류창고로 책이 입고됩니다.

사실 한글 프로그램도 편집 프로그램이라 한글에서 여러 차례 교정을 보고 수정해서 인쇄소에 데이터를 보내도 됩니다. 하지만, 왠지 모르게 디자인의 짜임새가 허술해 보이고, 서체나 글자간격 줄간격도 '인디자인' 프로그램으로 편집하는 것보다 이쁘지가 않아서 대부분 인디자인 프로그램으로 다시 작업을 합니다. 도표 작업도 새로 해야 합니다. 한글에서 페이지 맞추고 꼼꼼하게 도표 작업을 할 필요가 없습니다. 인디자인으로 변환하면 다 흔들립니다.

책 출간 전후로 출판사 담당자가 서점 엠디를 만나서 초도주문을 받고, 그 부수만큼 출판사 물류창고에서 서점 물류창고로 책을 출고합니다. 그리고 독자구매가 있으면 서점 물류에서 독자님의 댁으로 택배출고가 됩니다. 책을 구입하는 사람이 없으면 두세 달 이후 그 책은 출판사 물류창고로 반품이 되죠. 서점은 책을 가져갈 때 출판사에 결제를 하고 사가는 게 아니라, 위탁판매라고 해서, 우선 책을 가져가고 팔린 만큼 결제를 해주고 안 팔린 책은 반품합니다. 교보문고, 영풍문고, 반디앤루니스 등의 오프라인 서점에서는 신간이 나와서 2주 정도 반응이 없으면 곧바로 서가에 꽂히고 얼마 안 있어 출판사 물류창고로 반품이 됩니다. 사랑스러운 내 책들, 상해서 돌아옵니다.

출판을 해보니, 가장 무서운 게 반품이더군요. 반품률 관리, 예전에 사장님이 항상 말씀하셨던 게 그거였는데 이제서야 새록새록 체험합니다. 주문도 좀 있고 그런대로 책이 좀 나가는 것 같아도 몇 달 후 보면 뒤로 반품이 그득 쌓여 있습니다. 그나마 출고와 반품이 비슷하면 수익이 없는 걸로 그치지만 반품이 더 많은 경우도 종종 있습니다. 초도주문을 많이 받아야 지점마다 많이 깔려 독자 눈에 띌 수 있으니 초도주문을 많이 받고 싶지만, 또 무조건 많이 내보내서 많이 뿌리는 게 능사는 아니란 걸 자주 실감합니다. 물론 서점도 팔릴 것 같은 책만 초도주문을 많이 하지, 아무 책이나 다 주문을 많이 해주지도 않습니다. 하루에 쏟아져 나오는 신간 물량이 어마어마하기 때문에, 자유롭게 반품하는 환경이고 자신들이 딱히 손해볼 건 없지만, 창고에 안 팔릴 것 같은 책들을 쌓아둘 공간이 부족하다는 이유입니다.

책이 출간되고 잘 팔려야 책의 역할을 다하는 것이죠. 그렇지 않고 서가에 한두 부 꽂혀 있고 창고에 키높게 잔뜩 쌓여 있으면 저자분 마음 아픈 거에 이어 출판사의 한숨도 늘어갑니다. 책 출간을 전후해서 함께 홍보하고 판매에 신경 써야 하는 이유 중 하나입니다.

어느 출판사가 좋을까요

: 틈틈이 검색하고 기록해두기

출판사에는 투고원고가 정말 많이 들어옵니다. 어떤 날에는 책쓰기 아카데미 수강생들의 원고작업이 완료되었구나 눈치챌 수 있을 정도로 비슷한 포맷의 원고가 한꺼번에 들어옵니다. 눈코 뜰 새 없이 바쁜 편집자가 이 원고를 꼭 검토해보고 싶은 생각이 들도록 메일 제목, 출간기획서를 작성해보시기 바랍니다.

편집자는 멋진 원고를 처음 읽어볼 수 있는 특권을 갖고 있습니다. 이 문장에서 포인트는 어디일까요? 눈치채셨나요? '멋진'입니다. 멋.진. 원.고.여야 합니다. 편집자가 재미있게 흥미롭게 읽을 수 있는 원고여야 책 출간으로 이어질 확률이 높아집니다.

제가 만들고 싶은 책은, 재미도 있고 (비슷한 주제의 다른 책들과) 차별성도 있어야 하고 홍보할 독특한 컨셉도 있어야 합니다. 저는 여기서 '재미'를 가장 우선시합니다. 기본적으로 저자의 글솜씨가 좀 있어야겠구요. 일반적인 보통의 주제도 맛깔스럽게 표현해낼 줄 아셔야겠습니다. 악!!! 어려울 것 같으시죠? 괜찮습니다. 자꾸 하다 보면 감도 생기고 더 나아집니다. 반드시요. 그리고 글이 재미있으면, 편집자가 알아서 홍보카피도 찾아내고 차별화 포인트도 찾아냅니다.

A 출판사 편집자에게 퇴짜를 맞았지만 B 출판사 편집자에게 러브콜을 받을 수도 있습니다. 출판사마다 저마다의 색깔이 있는데, 주로 사장님 성향이거나 담당 편집자 성향입니다. 다행인 건 시기적인 호재나 운이 작용하는 경우도 제법 있으니, 너무 겁먹을 필요는 없습니다.

대형 출판사나 중소형 규모의 출판사는 투고원고 검토에 여력이 없을 수도 있고 관심이 없을 수도 있습니다. 제가 예전에 근무했던 중소 규모의 출판사에서는 많아야 1년에 1건의 투고원고가 출간으로 이어졌답니다. 그에 비해 요즘 늘어나고 있는 1인 출판사를 비롯한 소규모 출판사에서는 투고원고에 대해 긍정적으로 (상대적으로) 빠르게 검토할 수 있는 여건을 갖추고 있다고 할 수 있습니다. 첫 책 출간하기 좋아진 시대입니다.

신생출판사의 경우, '원고'가 많이 필요하기 마련입니다. 신생 출판사를 노려보시는 것도 방법 중 하나입니다. 더블엔도 초창기에 좋은 책으로 도서목록을 쌓아가기 위해 투고원고 의존도가 높았습니다. 그에 비해 지금은 1년 출간 도서 중 투고원고 비중이 많이 낮아졌습니다. 완성원고를 쌓아두면 마음은 든든하지만 빨리 출간해야 한다는 압박이 있고, 원고를 쓰던 시점과 출간 시점 사이의 기간이 길면 그새 트렌드에 벗어나는 느낌도 있어서 내가 솔깃한 원고라고 해서 무조건 계약하고 보자 하는 건 안 되겠더라고요.

필요하면서도 아주 중요한 일 중 하나는, 내가 출간하고자 하는 책의 성향과 잘 맞을 것 같은 출판사를 미리 리스트업 해두는 것입니다. 출판사마다 어떤 책을 위주로 내는지 검색해서 정리해두는 일은 아주 유용합니다. 내가 쓴 원고의 카테고리가 육아서인지 여행서인지 자기계발서인지 인문서인지, 이 책의 유사도서 또는 경쟁도서는 무엇인지 잘 정리해보시고 투고하시기를 권해드립니다. 더블엔에 소설 투고하시면 저 정말 읽어볼 시간이 없습니다.

큰 출판사가 좋을까요? 작은 출판사가 좋을까요?

큰 출판사가 홍보도 더 잘해주고 책도 더 잘 만들고 모든 면이 좋을 것 같지만 장단점이 다 있습니다. 큰 출판사는 홍보채널이 다양하고 잘 운영하지만 모든 책을 대대적으로 홍보해주는 것은 아니며, 담당 편집자와 밀착해서 일이 진행되는 느낌도 덜할 수 있습니다. 책 홍보는 함께하는 것이라 생각하고 '내 책'에 더 집중해서 잘 만들어주는 작은 출판사를 좋아하는 분들도 많이 계시니 잘 판단하시면 되겠습니다.

왜 이 출판사에서
책을 내고 싶으신가요

: 그 거짓말, 정말인가요?

투고원고를 확인하다 보면, 정성들여 한 문장 한 문장 쓰셨구나 하는 느낌이 드는 메일이 있는가 하면 단체메일 받는 듯한 느낌이 드는 메일도 있습니다. 당연히 단체메일이어도 상관은 없습니다만, '받는사람' 란에 다른 출판사 담당자 이메일 주소가 쭈욱~ 뜨게 하는 건 성의가 없어 보입니다.

보내는 입장에서는 쭈욱 보내서 연락 오는 여러 곳 중 고르고 싶으신 게 당연합니다. 받는 입장도 같습니다. '아, 이 분이 여기도 보내고 요기도 보냈구나, 여기 요기 다 연락 오면 내가 연락해도 뒤로 밀리겠구나' 하는 생각을 합니다. 솔직히 이런 경험도 여러 차례 했습니다. 투고원고를 재빨리 검토할 여력이 부족하지만 간혹 타이밍이 맞아 메일 받은 지 얼마 안 된 원고를 읽는데 맘에 쏙 들 때가 있습니다. 스피디하게 리딩하고 연락을 하면, 이미 계약 예정이라고 합니다. 머여? 왜 보냈겨? 계약 예정인데 두 시간 전에 왜 보냈을까요? 몇 군데서 러브콜이 오는지 체크해보겠다는 의미였을까요? 아, 예약 발송이었을까요.

더블엔에서 정말 출간하고 싶어 하시는 분들이 많으신데, 제 주력분야가 아니거나 일정이 안 맞아서 진행을 못 하는 경우가 많습니다. 심지어 거의 가타부타 답도 못 드렸고요. 그런 제가 시간이 용케 맞아서 검토하고 연락을 했는데 참으로 뻘짓을 했구나 하는 생각이 들면, 제가 그동안 연락드리지 못한 많은 저자분들께 진심 죄송해지는 마음이 차오릅니다.

보내기 버튼을 누르시기 전에 메일 창 하단에 '한사람씩 보내기' 칸을 클릭해서 반드시 하나씩 보내시기를 권해드리고, 계약을 확정했다면 왕관 개수 세는 놀이마냥 여기저기 보내서 테스트하지는 마셨으면 합니다.

또 하나, 출간성향이 비슷한 출판사에 보내는 게 좋고, 왜 '이 출판사'에서 내고 싶은지를 밝혀주면 더 좋습니다. (좀 어려운 부분이지만, 다른 투고원고에 비해 확실히 더 눈에 띕니다!) 입사면접과 비슷하다고 생각하시면 쉽습니다. 나에게 일이 절실히 필요하다,를 어필하는 사람보다는 내가 왜 이 회사에 꼭 들어오고 싶은지, 내가 이 회사에서 어떤 일을 잘할 수 있을 것 같은지를 말하는 사람에게 시선이 한 번 더 갑니다.

저는 원고를 보내시는 분들이 더블엔의 어떤 책을 보시고 메일을 보내시는지 참 궁금합니다. 출간된 우리 책을 읽어보고 보내신 걸까… 그냥 메일주소만 수집하신 걸까….

요즘은 더블엔을 콕! 찝어서, 어떤 책을 보고 너무 좋아서 꼭 더블엔에서 내고 싶다고 투고해주시는 분들이 많으신데, 그분들에게 일일이 답도 못해드리고 있으면서 이런 글을 써도 되나 싶습니다. 이 책을 쓰며 고민이 많이 되었던 부분입니다. 하지만 글을 쓰고 투고를 하시는 많은 분들의 블로그를 방문해서 알게 된, 거절메일에 엄청난 상처

를 받으시는 걸 보면서 거절메일을 보내는 게 좋을지 주춤
거리게 됩니다. 무응답이 덜 상처를 드리는 것 같기도 하
고 말입니다.

거절을 하는 이유는 '시기'의 문제일 수도 있고, 출판사의
출간방향과 맞지 않을 수도 있고, 또 얼마 전까지는 그런
주제로 책을 냈지만 (판매가 안 되거나 기타의 이유로) 이
제는 그 주제로 책을 안 만들게 되었을 수도 있고 등등 많
은 이유가 있는데, "거절" = "내 원고가 받아들여지지 않았
어"에 방점을 찍으시는 것 같습니다. 좀 더 심하면 "내 글
이 별로인가 봐" 까지 가시는 것 같습니다. NO NO!! 그러
지 마세요. 아직 인연을 못 만난 것뿐입니다.

원고를 다 쓴 후에는 '타이밍'과 '운'의 싸움입니다. '출판'
이 목적이 아니라 '내 책이 멋지게 잘 출판되어 잘 팔리는
것'이 목표이기를 바랍니다. 그러려면 어떤 출판사, 어떤
편집자를 만나느냐가 중요합니다. 금세 만날 수도 있지만
돌고 돌아 시간이 걸릴 수도 있습니다.
어느 한쪽이 갑이고 어느 한쪽이 을이 아닙니다. 어느

한쪽이 선택하는 문제가 아닙니다. 서로가 선택을 하는 대등한 입장입니다. 어찌 보면 투고를 하며 출판사를 고르는 건 작가님이시니 먼저 선택을 하시는 셈입니다. 나는 그래도 큰 출판사가 좋아, 하시는 분들도 있고 가장 먼저 연락오는 곳과 계약을 하겠어, 하시는 분도 계시고 다양합니다. 기준점을 반드시 갖고 있는 게 좋습니다. 그래야 만약 여러 곳에서 책 내자고 한꺼번에 연락이 와도 흔들리지 않고 스스로 결정을 잘 내릴 수 있습니다.

제가 가장 중요하게 생각하는 기준은 대등한 입장에서의 '상생'입니다. 출판사가 제조업이긴 하지만, 작가와 출판사의 관계를 주종으로 보시는 분들이 계십니다. 예를 들어 '여기저기 많은 출판사에서 나에게 러브콜을 보내고 있는데, 내가 특별히 더블엔에서 출간해줄게' 하는 식이죠. 저는 이런 분의 책은 출간하고 싶지 않습니다. 아, 물론 지금까지 직접적으로 이런 분은 안 계셨습니다. 이런 류의 자신감을 가진 분은 부담되고 생각의 결이 달라서 굉장히 불편합니다. 한 번 불편하면 어딘가 다른 데서 또 불편하기 마련입니다. 제가 저와 잘 맞을 것 같은 저자와 원고를 찾는 것처럼, 작가님들도 본인과 잘 맞는 출판사와 편집자를 잘 만나시는 게 중요합니다.

그리고, 저는 제가 기획을 해서 원고를 의뢰드리는 경우가 아니라면, 원고가 없는 상태에서 투고기획서만으로는 계약을 하지 않고 있습니다(딱 한 번 예외가 있기는 했습니다만). 언어가 서툰 번역서도 원서를 검토하고 신중하게 고민한 후 출판 계약을 하는지라, 이와 같은 맥락이랄 수 있습니다.

어떤 편집자를 만나느냐

스티븐 킹이 "편집자는 언제나 옳다"고 했다죠. 좀 뜨끔!하기도 하고 잘해야겠다고 마음을 다지게도 됩니다. 제가 한 마디 더 보태본다면, 편집자는 그때 그때 다르다! 입니다. 제가 책을 만들며 항상 느끼는 건데요. 내가 며칠 전에 교정을 본 이 부분을 오늘 보았다면 좀 다를 것이다, 하는 거죠. 어미 하나 바꾸고 단어 하나 바꾸는 정도는 놀랍게도 똑같습니다. 하지만 글의 순서를 바꾼다든지, 제목을 정한다든지, 표지 발주를 할 때 제안하는 전체 컨셉 방향이라든지, 시안이 왔을 때 결정을 하는 주요 포인트라든지 이런 사항들이 제 컨디션에 따라 계절에 따라 심지어 같은 날이어도 오전 오후에 따라 달라집니다. 그래서 메모를 많이 합니다. 책을 진행하는 동안 떠오르는 멋진 단어나 문장 형태, 표지 느낌에 대해서 잊지 않고 적용하기 위해서입니다.

같은 편집자라도 이렇게 때에 따라서 다른데, 어떤 편집자를 만나느냐에 따라 전혀 다른 책이 나오는 건 당연한 일입니다. 소통이 잘 되고, 책에 대해 생각하는 코드가 비슷한 편집자를 만나시면 최상인데요, 복불복입니다. (출판사와 편집자가 모두 나와 잘 맞을지 처음부터 알기는 사실 쉽지 않습니다) 운이 좋기를 바랄 수밖에요.

잘 맞는 편집자를 만나면, 그 편집자가 출판사를 옮길 때 저자들이 따라서 이동하는 현상도 생깁니다. 첫 책 멋지게 출판하시고, 그런 경험도 한번 해보시길 바랍니다.

투고원고를 읽는
편집장의 마음

: 이 변명도 정말입니다

코로나로 인한 사회적 거리두기가 시작되면서, 생각만 하고 미뤄두었던 글쓰기 책쓰기를 하신 분들이 늘어났다는 걸 눈에 띄게 실감합니다. 엄마들의 독서/육아 이야기, 초등 선생님의 교육/육아 이야기, 공황장애 극복 이야기, 반려견과의 일상 에세이 등 저자의 연령대도 분야도 매우 다양한 좋은 글들이 많이 들어옵니다.

하지만 모든 메일에 답변을 해드리지 못하고 있습니다. 예전에는 일일이 답변을 다 해드리려고 노력했는데, 이제는 그마저도 힘들어졌습니다. 앞으로도 못할 것이 분명하기에 열과 성을 다해 이 지면을 통해 써보기로 했습니다.

글쓰기의 시대, 책쓰기의 시대죠. 쓰고 싶어 하는 욕구를 가진 분들에게 저도 말합니다.

"쓰세요. 같은 주제여도 각자의 삶과 생각과 표현력이 다르니까 다른 원고가 나와요. 일단 쓰세요."

편집장의 시각입니다. 책을 좋아하는 독자의 시각이기도 하구요. 그런데, 출판사 사장의 입장에서는, 책은 매출과 이어져야 출판의 목적이 생깁니다. 어려운 출판사일수록 더 그렇습니다. 단단히 받쳐주는 베스트 & 스테디 셀러가 있다면 판매 신경쓰지 않고 좋은 책 의미있는 책을 출간할 수 있지만 베스트셀러를 보유하지 못한 출판사는 제작비를 넘어서는 매출이 예상되는 책을 출간해야 합니다.

지속가능한 출판을 하려면 매출이 뒷받침되어야 하죠. 당연한 시장논리입니다. 그렇다고 편집장은 매출에 신경쓰지 않는 사람이냐, No No 전혀 그렇지 않습니다. 얼마나 신경쓰는데요. 기획과 편집과 홍보는 한 덩어리입니다. 그리고 저는 옛날부터 자타가 인정하는 '오너마인드를 가진 편집장'이었습니다.

더블엔 얘기를 해보겠습니다.

더블엔은 1인 출판사입니다.

디자인도 외주, 영업도 외주, 저는 원고 기획과 계약, 편집, 책을 만드는 전체 과정 진행, 서점과 장부대조 및 계산서 발행, 이런저런 전달 업무(생각보다 포워딩 업무가 엄청납니다)로 한 달이 눈깜짝할 새 지나갑니다.

1년에 11권을 만들었던 해가 두어 번 되는데, 정말 미친 듯이 책만 만들었습니다. 쉽사리 지쳤고, 제작비를 상쇄할 만큼의 매출은 발생하지 못했습니다.

바뀌어야 했어요. 말 그대로 '팔리는' 책을 만들어야 경영이 지속가능하니까요.

1. 우선, 그동안 좋아했던 '여행에세이'에서 멀어졌습니다

제작비가 많이 들고, 판매가 월등하진 않아도 만들며 행복하고 재미있었는데, 4~5년 지나니 그 재미마저 시들해진 것입니다. 더블엔, 하면 여행서 이쁘게 잘 만드는 출판사 였는데 그 이미지를 계속 연결해서 가지 못하고 있습니다. 이제 ○○일 동안 세계 몇 국을 돌았다는 이야기, 어디

어디 트레킹, 직장 그만두고 세계여행, 이런 이야기에 흥미가 작아졌습니다. 이건 제 개인적 성향이 바뀐 것이지 원고의 글들이 감동적이지 않다는 건 아닙니다.

출판사 투고시, '운' 빨이 작용하는 건 이런 부분에도 해당이 됩니다. 메일을 확인하는 담당 편집자가 여행을 좋아하는지, 육아에 관심이 있는지, 결혼을 했는지, 연애에 관심이 있는지, 투잡에 관심이 있는지 이런 부분 말입니다.

그러니, 투고하시는 많은 작가님들… 답을 받지 못했다고, 또는 예의바른 거절 답변을 받았다고 너무 상처받지 않으셨으면 합니다.

대부분의 거절 메일은 출판사 상황과 맞지 않는 분야이거나 편집자 성향과 맞지 않는 경우가 많습니다.

(참고로, 저는 사진 많이 들어가는 여행서 말고 텍스트 위주의 여행/걷기/트레킹 에세이는 아직도 좋아합니다. 예를 들면 〈35세에 산길 걷기〉 〈45세에도 산길 걷기〉 등 재미있는 등산, 산행, 산책기, 읽고 싶습니다. 이런 컨셉으로 글 쓰고 계시는 분은 투고해주세요. 단, 재밌어야 해요)

2. 아이가 자라며, 육아 보다는 교육 쪽으로 관심사가 변하고 있습니다

정말 철저히 사심 가득한 기획과 관심사가 아닐 수 없습니다. 제가 만든 육아서 몇 권은 모두 아이가 어릴 때 만든 것입니다.

저는 유명저자를 섭외하는 것보다 글 잘쓰는 초보 저자의 첫 책 만드는 게 더 의미있고 재미있습니다. 물론, 잘 팔겠다는 자신감도 넘치게 뿜뿜했었..었...었...습니다.

'육아'라는 게 '육아서' 라는 게 다 비슷해보이면서도 또 철저히 개인적인 내용이라 제가 신나서 만들 때는 몰랐는데, 이제는 이 원고가 책으로 나오면 얼마나 팔릴까, 생각하니 두려움이 엄습합니다. 자신이 없다는 말이 맞습니다.

그러니, 더블엔에 육아서가 몇 권 있어서 투고를 했는데, 연락이 없다고 속상해하지 않으셨으면 좋겠습니다.

요즘 투고하시는 작가님들 글솜씨가 너무 좋으셔서 사실 고민을 많이 합니다.

예전의 저 같았으면 다 계약하자고 연락해서, 또 출간 스케줄에 허덕이고 있을지도 모르겠습니다. 저도 참고 있는

중입니다. 글은 탐나지만 육아 에세이는 당분간(?) 제가
출간하려고 하는 분야가 아닙니다.

잘 맞는 출판사와 잘 맞는 편집자 만나서 멋진 책으로 탄
생할 수 있기를 마음으로 기원합니다. 진심입니다.

3. 돈 되는 책, 그리고 돈 버는 책

원래 저의 편집경력은 자기계발, 경제경영서 분야였습
니다. 어쩌다 보니 더블엔 첫 책을 여행서로 만들었고, 여
행과 육아, 간간이 독서와 화술 등의 자기계발서를 만들었
습니다.

역시 돈 버는 책은 제목에도 '돈'을 넣어줘야 한다는 걸
얼마 전에 실전에서 경험을 했습니다.

중요한 건 만들면서도 재밌었다는 거! 저는 일도 운동도
사람 만나는 일도 재미가 있어야지 아니면 힘들어서 못하
겠더라구요.

벌써 2년이 되었군요. 《돈 버는 이모티콘 만들기》의 경
우, 저자분이 투고하시고 두 달 만에 제가 연락을 드려 계

약한 원고입니다. 더블엔에서 출간한 김우태 작가님의 책 《내 인생의 첫 책쓰기》를 잘 읽었다시며 꼭 더블엔에서 내고 싶다고 하셨는데 제가 고민을 많이 했습니다. 어찌 보면 정말 "고민을 많이 하자"가 그해의 화두였을 만큼 고민하고 또 고민하고 했더랬습니다. 다행히도, 작가님이 다른 곳과 계약을 안 하신 상태였고, 이 책은 출간하고 두 달만에 2쇄를 찍었습니다.

여기서 포인트는 '두 달만에 제가 연락을 드렸다'는 것입니다. 거절메일을 보내지 않고 계속 고민을 했기에 두 달 후에 작가님께 연락을 할 수 있었고, 또 조금 늦었지만 함께 진행하며 책을 출간하는 인연이 되었습니다.

이 책 후에 또 한 번 이런 일이 있었는데, 바로 《아이패드로 돈 버는 이모티콘 만들기》입니다. 이모티콘 책을 만들었는데, 또 만들면 내 시장 갉아먹기 아닐까 고민하다 몇 달이 흘렀고, '아이패드'는 새로운 영역이라는 생각과, 《돈 버는 이모티콘 만들기》의 어냐 작가님의 응원에 힘입어 아이패드 책도 진행을 했습니다. 두 권의 책이 꾸준히 팔리고 있어 무척 다행입니다.

(당장 답이 오지 않아도 느리게 또는 다른 경로로 오는 경우도 있으니 자신감 잃지 마시고, 글을 쓰시기 바랍니다)

4. 돈이 안 된다곤 하지만, 여전히 매력적인 에세이

더블엔 영업을 도와주시는 파트너 팀장님은 에세이 하지 말라고 하십니다. 유명저자 아니면 안 팔린다고.

하지만, 에세이가 재미있습니다. 세분화하면 여행에세이, 육아에세이, 일상에세이 등으로 나눌 수 있을 텐데 제가 여행과 육아 카테고리를 잠시 떠났으니, 일상에세이를 좋아한다고 할 수 있겠군요. 욕심과 현실 사이에서 고민을 하고 있는 셈입니다. 투고원고들 중 많은 분야가 에세이니까요.

돈 되면 다 해야겠지만, 1인출판사는 분야를 집중해야합니다. 저는 소설과 시는 하고 있지 않습니다. 소설 보내시는 작가님의 원고는 거의 읽어보지 않습니다. 사실 얼마전에 투고로 들어온 소설 원고 중 곧 영화화될 가능성이 있다고 해서 호기심에 한번 읽어볼까 하다 재밌어서 끝까지 다 읽고 말았지 뭡니까. 이렇게 재밌으면 해야 하지 않나, 며칠을 고민을 하다 초심을 찾았습니다. '제발 집중하자'고 말입니다. 소설과 시는, 저는, 독자로서, 다른 편집자가 만든 책을 읽는 호사를 누리기로 했습니다.

내 영역이 아닌 곳에서 '혹시나 잘 팔리지 않을까?' '내가 대어를 놓치는 건 아닐까?' 고민하지 않으려 합니다.

그것 말고도 고민할 것들이 무궁무진합니다.

요약 : 에세이는 재밌으니 그냥 할라구요. (실컷 돈 얘기 해놓고 이런다죠)

결국 저는 지난해 하반기에 {나의오늘} 시리즈를 런칭했습니다. 유명한 사람들은 작가로 못 들어오시게, 평범한 우리의 일상, 나의 오늘을 담는 에세이를 시작했어요.

현재 《나는 나와 사이가 좋다》《아이 앞에서는 핸드폰 안 하려구요》두 권이 나왔고, 올 한 해도 출간 스케줄이 꽉 차 있습니다. 살짝 알려드리면, 투고원고 중 에세이 분야는 '이 시리즈 안에 들어갈 수 있을까'를 먼저 생각하며 러프하게 검토합니다.

또 한 사례, 까인 이야기 해드릴까 합니다. "내 원고는 검토도 안 해주고, 답도 안 해주면서 맨날 까이냐?" 하실 수 있는데요. 네, 편집자도 잘 까입니다.

에세이 시리즈 [나의오늘]이 의도를 그렇게 하긴 했지만, 예정목록의 저자들이 다 엄마들로 구성되어 있어서, 2030 싱글여성 작가, 남자작가도 섭외하면 좋겠다 생각하던 중 해외에 계시는 남자분의 원고가 들어왔습니다. 독특한 직업 이야기가 좋았고, 배려심 가득하고 유머러스한 생각과 글이 참 재미있었습니다. 쏼라쏼라 중간과정 생략하고, 계약하려다 거절 당했습니다. 본인의 글을 더 다듬어 나중에 출판하겠다고 하시더군요. 네! 했습니다.

맺음은 쿨하게, 인연이 짧은 것일 수도 있고 다시 이어질 수도 있으니 아쉽지 않습니다. '허걱! 원고 욕심내다가 또 다람쥐처럼 매월 앞만 보고 달릴 뻔했어!' 하는 생각이 들었습니다. 좀 쉬어가는 시기도 있어야 하는데 또 달릴 뻔했어요. (캐나다에 계신 예비작가님, 거절해주셔서 감사합니다)

규모가 좀 있는 출판사에서 일할 때에는 투고원고를 볼

시간이 부족했습니다.

내가 하고 싶은, 만들고 싶은 책 만들려고 창업을 했는데, 여전히 투고원고를 볼 시간이 부족하네요.

독립하고 얼마 안 되었을 때는 소위 백리스트(=도서목록)를 채우기 위해 투고원고 의존도가 높았습니다.

육아서를 만들고 싶다 했을 때 들어온 원고가 《무소유 육아를 권합니다》로 출간되었고(지금은 절판되었습니다),

독서관련 책 만들고 싶다 할 때 들어온 원고가 《하루 25쪽 독서습관》으로 출간되었습니다.

사실 신생 출판사에 투고원고가 들어올 확률은 아주 작습니다. 상황은 이랬습니다.

제가 예전에 출판사에서 일할 때 투고원고를 제 개인 메일로 받았었습니다.

출판사 홈페이지에 투고 란이 있는데, 투고하고 싶다고 전화로 이메일을 물어보시는 분들이 계셨습니다. 저도 홈페이지 들어가서 확인하는 게 번거로워서 저 편하려고 제 개인 계정을 불러드렸는데, 그 분들 중 몇 분이 책쓰기 아카데미를 시작한 것이죠. 그렇게 제 메일 주소는 많은 수

강생들에게 전달이 되었고, 신생 출판사로 투고원고가 들어오기 시작했습니다.

《하루 25쪽 독서습관》은 다른 경로로 연결이 되었는데요. 제가 근무했던 전전 출판사 대표님께 연락해서 투고원고 중 안 하시는 거 저에게 연결해달라고 요청을 드렸어요. (그곳은 투고원고로 책 출간하는 비율이 거의 제로였습니다)

그렇게 독서습관 원고가 저에게 연결되었어요. 작가님께는 그 대표님과 제가 정중히 사정을 말씀드리고, 더블엔에서 책을 출간했습니다. 《하루 25쪽 독서습관》의 남낙현 작가님은 그후 더블엔에서 독서모임 책, 책쓰기 책도 출간하셨고, 지금은 본업에 이어 독서모임, 책쓰기 강의 등 굉장히 바쁘게 책과 함께 살고 계십니다.

인연이란 참 신기합니다.

투고원고 얘기하다가 인연까지 흘렀네요.

다시 요약정리 해보면, 투고원고를 두 가지로 나눠볼 수 있습니다.

1. 우리 출판사의 출간 분야 또는 내용이 아니다, 하는 원고가 있고
2. 재미는 있는데 얼마나 팔릴까, 고민을 하게 하는 원고가 있습니다.

첫 번째는 투고를 하신 작가님이 고민하실 문제가 아닙니다. 두 번째도 출판사 담당 편집자와 사장님, 마케터에 따라 달라질 문제입니다.

글쓰기와 책쓰기, 다른 것 아시죠? 책쓰기를 위한 글을 쓰며, 누가 이 글을 읽을까, 내가 독자에게 무슨 말을 하고 싶은가,를 생각하며 글을 쓰신 거면 충분합니다.

책은 어떤 편집자를 만나느냐에 따라 많이 달라집니다. 디자인도, 구성도, 제목도, 흐름도 달라질 수 있습니다. 한 원고를 열 명의 편집자에게 보내면, 각각 다른 열 권의 책이 나옵니다!

'작가님'과 '원고'와 잘 맞는 '편집자'를 만나서 멋진 책으로 탄생할 수 있을 것이니, 시간이 좀 걸리더라도 기다리며 다듬는 여유를 가져보시면 어떨까 합니다.

이상, 더블엔 출판사에 투고해주신 원고에 답변 드리지 못한 상황을 구구절절 써보았습니다.

개인적인 것이 창의적인 것이죠!

더블엔의 개인적인? 상황을 디딤돌 삼아 작가님의 책 출판에 희망을 얹으시면 좋겠습니다.

내 원고, 내 책에 조금 깐깐해지세요

: 알아서 해주세요 말고요

'만나서 얼굴 보며 이야기하는' 행위가 가진 힘은 생각보다 셉니다. 이메일로 일을 주고받고 전화통화를 하며 일을 하는 것도 업무가 진행되는데 별 무리는 없지만, 얼굴 한번 보고 인사를 나눈 후 작업을 진행하면 마음가짐이 조금 달라진다고 할까요, 그런 게 있는 것 같습니다. 더블엔 저자분들은 지방에 계신 분들이 많습니다. 요즘은 원고 작성(한글/워드프로그램)이나 교정지 발송(pdf 파일로 전송) 인세정산(인터넷뱅킹) 등 모두가 웹으로 전산으로 가능해진 시대라, 사실 옛날에 비해 업무공정 뿐 아니라 속도도 무지 빨라졌습니다.

계약을 할 때만이라도 꼭 저자분의 얼굴을 뵈어야 한다는 제 원칙은 금세 깨졌습니다. 정말 전화통화와 우편, 이메일로 일을 진행하며 얼굴 한 번 안 뵌 저자분들이 몇 분 계십니다.

작업공정이 좀 복잡하거나 저자분이 요구하는 사항이 까다로운 부분이 많으면, 북디자이너와 저자가 함께 만나는 자리를 마련합니다. 편집자는 업무상 중간전달자 역할을 많이 합니다. 요즘은 정말 포워딩 업무가 대부분인 날도 많습니다. 최종적으로는 저자와 독자 사이의 전달자이지만 세부적으로 보면 저자와 디자이너, 저자와 영업자(마케터) 사이의 전달도 잘해야 합니다. 서로의 의도가 잘못 전달되거나 왜곡되지 않도록, 어쩌면 제가 좀 수월하게 일을 하기 위한 방편이라고도 하겠습니다.

저자가 책에서 중요하게 생각하는 부분이 무엇인지, 독자에게 전하고자 하는 메시지를 어떻게 표현하고 싶어하는지를 디자이너가 직접 저자에게 얘기를 들어보면 일이 수월하게 진행됩니다. 저자 또한 마찬가지입니다. 한글에서 원고 작성할 때와 달리 책으로 인쇄되어 나오기 전의 디자인 작업이 어떻게 이루어지는지 대략 알고 가면 좋습니다.

　저자가 편집자를 많이 괴롭히면 책의 완성도(?)는 더 높아집니다. 더 고민하게 되는 게 사실이니까요. 책을 만드는 데 있어 편집자의 역할이 중요하긴 하지만, 책의 지은이, 저작권자는 저자라는 사실을 잊지 않으셨으면 합니다.
　문장 하나 단어 하나 바꾸고 고치는 부분에 있어 편집자는 고민을 많이 합니다. 뜻이 달라지지 않는 범위에서 전달이 잘 되는 단어로 바꾸고, 가능하면 영문이나 한문단어는 우리말로 바꿔주고, 긴 문장은 잘라주기도 합니다. '혹은'(한자단어)이라는 말보다는 '또는'(한글단어)을 자주 쓰는데, 이건 저의 성향입니다. 콤마나 말줄임표가 많은 글은 좀 빼고 싶습니다. 이것도 저의 성향입니다. 그러나 저자분이 의도해서 쓰신 말들은 편집자가 가능하면 손 대지 않으려고 합니다. 그러니 그런 부분을 편집자에게 반드시 표현하시고 전달하시는 과정이 필요합니다. 저자의 의도가 달라졌거나 의미전달이 모호해졌다면 바로 수정을 요구하셔야 합니다. 편집자에게 너무 다 맡기지 마시길요. 좀 깐깐한 저자가 되시는 것도 좋습니다.

인세

: 계약조건과 2차저작권에 관한 사항들

책 한 권을 내면 얼마나 벌 수 있을까요?

책을 쓴 저자는? 출판사는요?

많이 벌면 좋습니다. 많이 벌려고 만드는데 당연히 많이 벌어야죠. 출판사 입장에서 책은 매 권마다 로또입니다. 하나만 터져라! 하나만 터져주면! 대박까지는 아니어도 중박이라도!

그렇습니다. 중박 몇 권만 목록으로 받쳐주어도 책 만드는 재미가 쏠쏠합니다. 사실 많이 벌면 함께 나눈다는 마인드를 가진 출판사를 만나면 속상할 일이 없습니다.

저작권료(보통 '인세'라고 부릅니다)는 책이 팔리는 부수에 비례해서 정산하는 인세방식이 있고, 처음에 한 번 원고료를 지급하고 끝나는 매절방식이 있습니다. 저자 입장에서 책이 베스트셀러가 될 것 같거나 꾸준히 스테디셀러로 팔릴 자신이 있다면 절대 매절을 하면 안 되겠죠.

중요한 건 그걸 출판사도 저자도 아무도 예측할 수 없다는 겁니다. 그러면 매절이 꼭 나쁜 방식이냐? 또 그렇진 않습니다. 정가 만원짜리 책을 1천 부 찍어서 3개월 안에 8% 인세를 지급하기로 계약을 한다면, 얼마인가요? 80만원입니다. 여기에 1천 부를 다 정산하는 게 아니라 홍보 및 증정, 파본용으로 일정부수를 제외하고 나면 그보다 적은 금액이 됩니다. 세금도 원천징수합니다. 책 한 권 쓰는데 들인 시간과 노력을 생각했을 때 너무 적은 금액입니다. 물론, 안 팔리는 책을 만든 출판사도 어렵긴 마찬가지죠. 이럴 경우를 대비해서 매절 방식으로 원고료 얼마, 해서 현금으로 지급받는다면 전자의 경우보다 좀 합리적일까요? 그런 차이입니다.

자비출판도 있습니다. 책은 내고 싶은데, 시장성이 없어서 출판사에서 책을 내주지(?) 않는 경우, 쉽게 말하면 저자가 제작비를 부담하고 책을 펴내는 것을 말합니다. 제작비의 범위를 어디까지 할 것인지, 몇 부를 찍을 것인지, 서점 유통을 할 것인지 출판해서 저자가 모두 가져올 것인지 처음 제작비는 부담하고 2쇄를 찍게 되는 경우 인세를 받을 것인지 등등 출판사마다 기준이 있을 것이며 책마다 다르게 적용될 것입니다. 그렇다고 모든 출판사가 다 자비출판을 하는 것은 아닙니다. 자비출판 전문 출판사도 있고, 기획사에서 책 출판을 하기도 합니다. 내가 정말 쓰고 싶은 분야라 쓰기는 했는데, 시장성이 없는 것 같다 싶으면 일부 제작비를 부담해서 출판하는 형식도 괜찮습니다.

어떤 출판사를 선택하시든, 또는 어떤 출판사에서 선택을 받으시든 그 출판사의 출간목록을 살펴보시기를 권합니다. 제목을 잘 잡는 것 같은지 표지가 내 스타일인지 등 정도도 파악하시는 것이 좋습니다. 첫 책을 빨리 내는 게 중요한 마당에 사실 이것저것 다 따지기는 힘들겠지만, 빨리 내는 게 목적이 아니라 잘 만들고 싶다면 꼭 따져봐야 할 부분입니다. 나름의 원칙 하나 정도는 만들어두시면 더 멋진 책을 만드실 수 있습니다.

책은 판매가(정가의 90%)가 있고 공급률이라는 게 있습니다. 출판은 위탁판매라고 해서 책을 먼저 서점에 주고 판매된 후에 정산을 받는 시스템인데, 정가의 몇 %로 정산을 받느냐가 공급률입니다. 저자가 이런 것까지 다 알아야 해? 하실 수도 있지만, 유통을 조금 이해하시면 인세 8%가 작은 게 아니구나,를 아시게 됩니다. 정가 만원의 책을 예로 들어보겠습니다.

정가가 만원이면, 서점은 10% 할인을 해서 9,000원에 판매를 합니다. 1권을 팔면 서점은 다음달에 출판사에 약 6,500원을 결제해줍니다. 65% 전후입니다. 공급률은 서점마다 다르고, 책을 일정 부수 이상 가져가면 5% 이상 또 낮아집니다. 경험을 토대로 정리해보니 1권에 대한 매출은 약 5,800원 선이더군요. 이 금액에서 종이값, 인쇄비, 제본비, 디자인비, 편집비, 물류비 등의 관리비를 제하면 출판사 수익입니다. 800원은 저자 인세로 나갑니다. 출판사 매출 5,800~6,500원 대비 인세 800원이면 사실상 8%가 아닌 12~13% 정도가 되는 셈입니다. 요즘은 5천 부 이상 9%, 1

만 부 이상 10%로 하기도 합니다. 중쇄를 하면 제작비가 조금씩 덜 들어가기 시작합니다. 편집비와 디자인비가 더 이상 들지 않기 때문인데, 그렇게 중쇄를 여러 번 거듭할 때 인세가 올라가는 방식이면 출판사와 저자가 서로 윈윈하는 방식이 됩니다.

가장 중요한 건 '인세' 부분이고, 그 외 전자책에 대한 조항, 번역이나 영화 연극 등의 2차적 사용권에 대한 조항들도 잘 확인해보셔야 합니다. 요즘은 출판계약서에 '갑' '을'로 표시하지 않고 '저작권자' '출판권자'로 표현합니다. 콘텐츠는 저작권자의 소유입니다. 저작권 양도가 아닌 출판권과 전송권을 출판사가 갖겠다는 계약을 하는 것이니 꼼꼼하게 한 번은 다 읽어보시기 바랍니다.

살면서 계약서를 쓸 일이 자주 있는 건 아니죠. 내용이 딱딱하고 어렵기 마련입니다. 어려우니 1페이지에 요약한 내용을 같이 달라고 요구해보시는 것도 좋은 방법입니다.

판권은 무엇?

: 발행일은 왜 한참 후인가요

책 만드는 사람들 또는 책의 중쇄에 관심있는 독자들은 책의 판권을 유심히 살핍니다.

본문 2p 또는 마지막 페이지에 나옵니다. 지은이와 펴낸이, 출판사 정보, 책 출간 날짜, 몇 쇄를 찍었는지 등의 내용이 담겨 있는 이 지면을 '판권'이라고 부릅니다. 편집자, 디자이너, 마케터들의 이름이 나와 있기도 합니다.

보통 발행일을 실제 출간일보다 좀 넉넉하게 잡습니다. 한 달 후로 잡기도 하죠. 왜 이렇게 하는지 많은 분들이 궁금해하시는데, (모든 서점이 다 그렇게 잡아주는 건 아니지만) 신간 코너에 좀 더 오래 있고 싶어서랍니다.

요즘은 그닥 의미가 없는데 관행으로 많이들 넉넉히 잡습니다.

책을 좋아하시는 분들은 판권에서 몇 쇄를 찍었는지도 살펴보십니다. 1쇄 출간 후 얼마 만에 2쇄를 찍었는지, 지금 대략 몇 쇄까지 찍었는지 하는 정보를 판권에서 확인할 수 있습니다. 하루만에 2쇄를 찍은 책도 간혹 있는데, 정말 그럴 수도 있고, 아니면 1쇄는 보름 정도의 여유기간을 두고 표기해서 보름만에 1쇄가 거의 소진된 후에 2쇄 제작을 들어간 경우일 수도 있습니다.

2쇄 없는 3쇄도 있습니다. 보통 중쇄를 1,000부 찍는다고 가정하면, 2천부 찍을 경우 2쇄 없이 3쇄로 표기하는 것이죠. 저는 이렇게 해본 적은 없습니다. 예전에 한 대형 출판사가 이런 방식으로 판권을 표기했는데, 요즘 많은 출판사들이 이렇게들 하고 있습니다. 중쇄를 몇 부 찍는지는 출판사마다 다르니, 판권지에서 얻을 수 있는 정보는 대략 몇 쇄를 찍었구나 정도를 파악해보는 것입니다.

추천사의 역할과 기대치

: 꼭 넣지 않아도 됩니다

원고 작성이 끝나고, 추천사를 부탁드리는 경우가 많습니다. '내가 책을 내면 꼭 이 분께 추천사 부탁드려야지' 했던 분이 계실 수도 있고, 좋아하고 유명한 분의 추천사를 꼭 넣고 싶다, 하는 분도 계실 겁니다. 아니면 주변 지인들이나 예비독자들에게 미리 원고를 보내 한 줄 느낌이나 서평을 받아 책에 싣기도 합니다. 유명인에게만 서평을 받는 건 아닙니다. 뭔가 재미있고 독특한 요소가 있어 눈길을 끌면 그것도 괜찮은 방법이라 생각합니다.

종교가 있는 분이라면 친분 있는 목사님이나 스님께 부

탁드릴 수도 있고, 에세이를 내시는 분들은 그동안 즐겨 읽었던 작가님께 초면이지만 조심스레 부탁을 드려볼 수도 있습니다.

여기서 생각해보아야 할 것이 있습니다. 추천사의 역할과 효과. 내 책에 이 분의 추천사가 들어가서 더 빛이 나고 홍보에 도움이 되면 좋겠다, 인지 옛 상사 또는 은사님께 감사의 표시로 부탁드리고 첫 책에 글을 빛내주십사인지, 의외로 후자인 경우도 많습니다. 출판사는 첫 번째를 좋아합니다. 유명인의 추천사가 들어가면 '아, 정말 좋은 글인가 보다' 하는 기대감을 부추길 수도 있게 되고 사고 싶은 욕구에 불을 붙일 수 있으니까요.

원고료는 또 어떨까요? 원고를 요청드리면 원고료를 드리는 게 맞습니다. 출판사는 상업적인 목적으로 책을 만드는 것이니 출판사가 요청하면 원고료를 드려야 하고 부담이 되는 게 사실입니다. 저자분은 어떨까요? 보통 선의로 써주시는 분들이 많지만 저자분이 청탁하여도 원고료를 드리는 게 맞습니다. 금액은 얼마를 해야 적정선일까요?

이런 부분이 애매하여 저는 추천사를 넣는 문제에 있어 욕심을 안 내고 있습니다.

　너무 추천사에 목을 매지 않으셔도 됩니다. "저는 이 분의 추천사를 꼭 넣고 싶습니다" 하면 원고를 받아오시는 것까지 해주십사 말씀드립니다. 출판사는 추천사로 인해 홍보효과나 판매에 도움이 될 것 같지 않으면 그다지 추천사를 넣는 것에 대해 긍정적이진 않습니다. 예를 들어 보험 실무서를 출간하는 경우 한 보험사 간부가 추천사를 써주시면, 타 보험사에서 구매해주고 싶은 확률이 작아질 것 같고, 에세이의 경우 한 서점 엠디의 글이 들어가면 다른 서점에서 노출해주는데 좀 싫어하지 않을까, 하는 인지상정적인 우려가 살짝 생기며 고민이 시작되니까요.

　실제로 한 저자분이 추천사를 받아오셨는데, 큰회사 대표님이신데 (전) 대표님이셨어요. 그러면 그 회사 차원의 구매 및 홍보효과를 기대해볼 수 없는 데다가 그 회사의 경쟁사는 또 굳이 그 회사 전 대표의 추천사가 실린 책을 알려주는데 소극적일 수밖에 없는 것이죠. 추천사 하나에 뭐 그런 심오한 경제논리가 있나 싶으실 수 있지만, 모든

논리는 기본적인 마음에서 출발합니다. 사람 마음 다 비슷합니다.

그래서 제가 그동안 책을 만들며 무수히 많이 추천사를 넣어본 경험들을 종합해, 이제는 저자분이 좋아하고 존경하는 딱 한 분께만 부탁드려서 진행하거나 추천사를 넣지 않는다는 원칙을 정했습니다. 원칙이라니, 너무 거창합니다만 기준점 하나는 갖고 있으려구요.

요즘 저는 책 뒷표지에 본문 중에서 좋았던 부분을 제가 추려서 넣고 있습니다. 앞으로는 추천사 많이 안 받으려고 합니다. 아, 말랑말랑학교 국민담임 선생님 샘정님은 예외십니다! 제가 이 분의 팬인데, 삶의 롤모델이시죠. 사심 가득한 편집자는 이렇게 책 만들며 남에게 피해주지 않는 선에서 잔뜩 애정을 담아봅니다.

예약판매는 하는 게 좋은가요

: 지인 구매가 이루어져야 합니다

책이 나오면, 그 책이 나왔다는 사실을 일반 독자들은 모릅니다. 알리는 건 작가와 출판사, 서점이 해야 하는 일입니다. 실물도서가 나와야만 진행할 수 있는 일은 아니기에 SNS에 미리 사전 홍보를 하면 좋습니다.

"제 책이 곧 나와요"에서부터 제목이 정해졌다는 소식, 표지가 결정되었다는 소식, 언제쯤이면 구매가 가능할 것 같다는 소식 등을 차례로 올리는 것이죠. 제목을 정하는데 아주 힘겨웠다면, 그 과정을 올리는 것도 읽는 입장에서는 재미 있을 수 있습니다. 책 속 등장인물들 (그들은 나를 모르지만 내 책에 등장해요)에 관한 소개도 재미있고, 꼭 넣고 싶었는데 빠진 글들을 SNS에 소개하는 것도 좋습니다. 책 만드는 과정에서의 뒷얘기나 책에서 볼 수 없는 독특한 얘기가 신선할 수 있습니다.

인터넷서점에는 '예약판매'라는 것이 있습니다. 과정이나 절차가 어려운 건 아닙니다. 출판사에서 미리 책소개 자료를 전달하면서, 며칠 후에 책이 나오니 예약판매 걸어달라고 하면 [예약판매] 문구와 함께 정보를 올려줍니다.

보통 책이 인쇄 들어가는 시점에 올리는데, 7~10일 정도 미리 판매를 시작하는 것이죠. 단, 이 기간 동안 판매가 너무 없으면 굳이 예약판매를 하는 효과가 없습니다.

양준일의 에세이, 펭수 다이어리, BTS 화보집은 예약판매를 하면 그들의 팬층 뿐만 아니라 일반 서점 독자들도 구매를 합니다. 보통의 작가님들 도서는 사실 예약판매를 한다는 사실을 독자들이 모릅니다. 게다가 구매결제를 먼저 하고, 실물도서는 한참 후에 배송 받는 시스템이라 독자들이 싫어할 확률이 높습니다. 일반적인 예약판매는 철저히 '지인 대상'으로 한다는 걸 알고 계시는 게 좋습니다. 사전 홍보 겸 지인들에게 "드디어 내 책 나왔어요! 기다려주신 분들 미리 구매 좀 해주세요" 하는 의미에서 시작하는 게 예약판매입니다.

책이 나오면 서점은 초도주문을 해서 서점 물류창고에 책을 확보해두고 판매를 시작합니다. 초도주문 부수가 어느 정도 되어야 담당 엠디들도 팔기 위해 노력을 한다고 합니다. 10부 이하로 주문을 하면 솔직한 말로 팔리면 좋고(재주문 하면 되고) 안 팔리면 반품하는 것이지요.

유명인사들의 책이 아닌 이상 예약판매는 지인분들 대상의 미리 판매 창구입니다. 게다가 어느 한 군데 서점만 하는 게 아니라 교보문고, 예스24, 알라딘, 인터파크에서 동시에 예약판매가 이루어집니다.

예약판매는 꼭 유명인이 아니어도 미리 걸 수 있어요. 책 언제 나오는지 묻는 분들이 많다면 예약판매를 하는 것도 좋지만, 꼭 그런 경우가 아니라면 책 나온 후 판매가 시작되는 것도 괜찮습니다.

본격적인 서점 판매

: 어디에 깔리는지 카테고리도 중요합니다

책이 나오면 이제 본격적으로 판매가 됩니다.

처음 1주일간은 일반독자들보다는 지인 구매가 대부분이라고 할 수 있습니다. 책이 나오고 출판사로부터 증정본으로 받는 도서는 정말 감사한 분에게만 사인해서 드리고, 지인들은 구매로 유도를 하시는 게 좋습니다. 책을 사려고 기다리고 있던 분들에게 감사의 인사로 책을 드리는 건 장기적으로 봤을 때 그리 좋은 방법은 아닙니다. 초기 매출이 어느 정도 있은 후에, 리뷰도 올라오고 SNS에 입소문도 좀 나고 하면서 일반 독자들이 유입되어야 합니다. 이 단계까지 가지 못하고 멈춰버리면 안 됩니다.

예전에는 오프라인 서점에서 잘 노출되어 있도록 하는
게 관건이었는데, 이제는 잘 깔려 있어도 독자의 손에 픽
업 당하지 못하는 책들이 수두룩합니다.

여기서 어느 공간에 깔 것이냐의 문제도 중요합니다. 한
번 살펴보기로 할까요.

취미 코너인가 vs. 예술 코너인가
에세이인가 vs. 자기계발서인가

책이 나오면 어디에 깔리는지, 독자들은 섬세하게 고민
하지 않고 찾을 수도 있지만 출판사는 많이 고민하고 카테
고리를 나눕니다. 소설이나 어학교재, 자녀교육 등 명확하
게 분류할 수 있는 도서가 있는가 하면, 코에 거는 게 나은
지 귀에 거는 게 나은지 따져본 후 자리를 잡는 도서도 꽤
됩니다.

보통은 출판사가 카테고리를 지정해서 서점에 넘겨주는
데, 서점에서 자체 기준을 갖고 카테고리를 옮기는 경우도
있습니다. 제목에 특정단어가 들어가면 제한되기도 하고요.

카테고리는 보통 기획을 할 때, 원고를 쓸 때, 미리 정하는 것이 좋습니다. 이 책이 에세이 분야로 갈 것인지, 자기계발 분야로 갈 것인지, 건강이나 취미생활 분야로 가는지, 에 따라 오프라인 서점에서는 누워 있는 자리가 달라지며, 온라인 서점에서는 미팅하는 담당 엠디가 달라집니다. 책은 물성을 가진 상품으로 독자의 손에 들어가는 목표 하나를 갖고 탄생한 것인데, 그것을 담당하는 사람이 달라지고 그에 따라 노출빈도가 달라질 수 있는 것입니다.

한창 인기를 끌었던 컬러링북을 예로 들면, 클 출판사에서 출간된 《비밀의 정원》은 건강/취미 분야로 런칭되었고, 더블엔에서 출간된 《너무 예쁜 런던 스타일》은 예술/미술 분야로 런칭했습니다. 담당자가 '건강 분야' 엠디와 '예술 분야' 엠디로 다른 것입니다. 각 분야마다 시장규모가 다르고, 서점의 주요 담당자가 다릅니다. 서점 담당 엠디의 성향에 따라서 노출의 폭이나 깊이가 다를 수도 있어요.

별거 아닌 것 같지만, 이는 서점에서 초도 주문부수가 몇 부인가, 적정재고가 남았을 때 재발주를 누가 하느냐, 출

판사로 책 주문을 누가 넣느냐 하는 아주 중요한 문제가
됩니다. 출판사에서는 이런 부분까지 고려하여 편집자와
영업자가 함께 고민하고 진행합니다.

요즘은 반려동물 책도 많아지고 있어 카테고리가 추가
되었습니다. 반려동물 에세이는 '반려동물' 카테고리로 보
낼 수도 있고, 에세이(문학)로 보낼 수도 있습니다.

독서와 책쓰기 책도 많습니다. 서점마다 분류코드가 달
라서, 교보문고는 '책쓰기'나 '독서'가 제목에 들어간 책은
협상의 여지없이 '인문'으로 보내집니다. 하지만 다른 서점
들은 자기계발 엠디와 미팅을 해서 자기계발 코너에 깔리
게 할 수 있습니다.

여행서는 가이드북과 여행에세이, 두 가지로 나눌 수 있
는데, 보통은 '여행' 코너 내에서 두 가지로 나누어 진열을
합니다. 그러나 영풍문고는 여행가이드북은 '여행' 코너로,
여행에세이는 '문학' 코너로 보냅니다. 홍콩 가이드북과 홍
콩 에세이가 멀리 떨어져서 진열되어 있고, 홍콩 에세이는
조금 생뚱맞게도 유명작가들의 소설과 산문집 사이에 누

위 있게 되는 것입니다.

인터넷서점의 경우 메인 화면에 책이 노출되기 무척 어렵습니다. 하루에 쏟아져 나오는 책만 해도 어마어마하고, 좋은 책 또한 굉장히 많습니다. 유명한 저자이거나, 사회적 이슈에 부합되는 주제이거나, 해외에서 베스트셀러 출판권을 사와 번역출간한 도서가 아닌 이상 메인 화면에 노출되기 어렵습니다.

그러면 그 다음으로 '분야 메인' 노출을 노려볼 수 있습니다. 예를 들어 '독서법'에 관한 책일 경우 '자기계발' 분야 메인에 노출될 확률이 높을까, '인문' 분야 메인에 노출될 확률이 높을까를 고민해볼 수 있습니다. 또 자기계발 엠디의 성향과 인문 엠디의 책 취향과도 잘 맞아야 노출 확률이 높아질 수 있습니다. 메인 화면에 노출되는 책들은 1주일에 두 번 정도의 주기로 바뀌고, 분야 메인의 책들은 좀 더 긴 주기로 바뀌는데 담당 엠디의 재량에 따른 게 당연해 보입니다.

노출이 잘 되고 운이 좋아 보이는 책은 이런 섬세한 디테일들이 촘촘이 연결되어 나타나는 결과물입니다.

더블엔 책들은 분야 메인에 제법 많이 노출이 되었습니다. 여행서, 자기계발서 등 노출이 많이 되었는데, 판매가 급증!하는 신세계를 보여줄 만큼은 아니었어요. 이렇게 어렵게 노출되더라도, 그 책이 잘 팔리느냐는 또 다른 문제인 것이죠. 웃어야 할지 울어야 할지….

책출판 후 홍보를 많이 하고 여기저기 매체에서 인터뷰 및 책소개로 자주 다루어주더라도 책 판매가 그닥 안 늘기도 합니다. 꾸준히 노출되고 입소문을 타야 출판사는 돈을 법니다. 그래야 작가도 인세수입을 얻고 지업사 인쇄소 제본소 등의 거래처도 수입이 늘어납니다. 책이 잘 팔리면 서점은 돈을 '더' 법니다. 안 팔리면 반품을 하면 되니 서점은 출판사에 비해 손해볼 게 없습니다.

책 홍보는 함께하는 것

: 내 책 나온 걸 모두가 알게 해주세요~

홍보에 관한 이야기를 빠뜨릴 수 없습니다. 책이 나온 걸 알려야죠. 저자의 지인들과 출판사 관계자들 외에 일반 독자들에게 알려야 합니다. 이렇게 좋은 책이 나온 걸 모르게 해서는 안 됩니다.

신간이 나오면 서점에서는 책을 많이 팔기 위해서 당연히 진열을 하고 노출을 합니다. 문제는 하루에도 신간이 너무 많이 쏟아져 나온다는 사실입니다. 베스트셀러나 유명저자의 도서 또는 대형 출판사 책만 팔아도 대형서점은 돈을 법니다. 진열을 해주는 공간을 팔아서도 돈을 벌고 경쟁을 유도해 광고도 하게 합니다. 돈이 드는 영업과 홍보는 작은 출판사가 하기 힘듭니다. 1천만원을 투자해 2천만원을 벌면 참 좋겠지만, 1천만원을 투자해 500만원만 벌면 저자 인세는 뭘로 드리고 지업사 인쇄소 결제는 어떻게 하나요? (그런 책은 안 만들어야지? 싶으신가요? 이런 책들 제법 있지만 저는 그래도 사람이 남았고, 진행하며 많은 걸 얻고 배웠기에 꼭 손해만 봤다고는 생각하지 않습니다. 곧 팔리는 책 만들 거니까요)

어렵습니다. 일반 작은 출판사와 첫 책을 출간한 저자는 가급적 돈 들이지 않고 홍보하고 자랑하고 알리는 다양한 방법들을 생각해야 합니다.

책이 나오기 전부터 자신이 운영하는 블로그 및 SNS 등 여러 매체를 활용하여 출간 예고를 하고 소소한 이벤트도 준비하는 게 좋습니다. 요즘은 북콘서트나 소규모 북토크도 줌으로 많이 합니다. 오히려 공간 대여를 안 해도 되고, 모객에 대한 부담도 없으니 더 다양한 형태로 랜선 북토크가 늘어나는 추세입니다.

예전처럼 작가 만나기가 어려운 시대가 아닙니다. 조금

만 눈과 귀를 열고 있으면 무료로 '작가와의 만남'에 초대
되는 시대입니다. 작가 입장에서도 내 책을 누가 읽었는
지, 어떻게 읽었는지 현장에서 독자들과 호흡할 수 있는
좋은 경험이 될 수 있습니다.

　바이러스가 창궐하며, 많은 일들이 취소되고 연기되며
혼란스러웠지만, 줌이라는 플랫폼이 일상화되면서 오히려
작가분들도 마음만 먹으면 활동영역을 충분히 넓힐 수 있
게 되었습니다.

　북콘서트 한 번 했다고 엄청난 홍보가 이루어지는 건 아
닙니다. 가능하면 여러 차례 지속적으로 진행하고 또 저자
와 독자가 함께 SNS를 통해 북토크 예정 안내, 북토크 현
장스케치 피드를 올리며 이런 '책'이 있다는 걸 알리는 게
중요합니다. 도서정가제가 시행되면서 엄청난 할인과 거
대한 선물 증정 이벤트가 정리가 되어 저 개인적으로는 작
은 출판사에 다행이라고 생각합니다. 공룡들과 경쟁하기
엔 출혈이 너무 컸거든요.

　어쨌든, 책이 나오기 전후에 출판사와 저자가 함께 홍보

를 준비해야 합니다. 그런 노력을 보여주셔야 하구요. 책 나온 기쁨에 젖어 아무것도 안 하고 있다가는 금세 서가에 꽂히고 아무 데서도 찾아보기 힘든 책이 되고 맙니다. 출판사마다 기간은 다르지만, 책 한 권이 나오면 곧 다음 책 준비로 넘어갑니다. 출판사에서 홍보에 공을 들이는 기간은 길어야 2~3개월이라고 보시면 됩니다. 신간 노출 기간이 길어야 한 달 정도이니, 사실 한 달간 계속 홍보에 매진하는 것도 그리 쉬운 일은 아닙니다. 출판사에서 홍보에 좀 느슨해더라도 저자는 계속 홍보방법에 대해 고민하시면 좋겠습니다. 생애 첫! 책이잖아요~. 처음 집필할 때부터 누가 누구에게 선물하면 좋은 책, 으로 컨셉을 잡고 진행하는 것도 좋은 방법입니다.

　이렇게 책 출간과 연계된 홍보활동을 하면서, 점차 본인이 하는 일에 책이 기여할 수 있는 환경을 만들어가는 것이 중요합니다.

책이 나오고 인생이
얼마나 달라질까요?

: 안 달라집니다

깜짝 놀라실 겁니다. 책이 나왔는데, 아무 일도 안 일어
나서. 그냥 똑같아서.

유명세를 타거나 굉장히 바빠지거나 뭔가 확 업그레이
드된 게 있을 줄 알았는데 그렇지 않아서.

제가 한 달에 한 번씩 모이는 모임 멤버 중 미스코리아
출신 작가님이 계신데, 그 분이 말씀하셨죠.

**"미스코리아 되면 뭔가 확 달라질 줄 알았는데, 전혀 그
렇지 않았어요!"**

책도 마찬가지입니다.

뭔가 달라지기 위해 책을 썼다면, 그 달라지고 싶은 방향으로 계속 노력하시면 됩니다. 책 한 권 냈는데 너무 일상이 안 달라졌다고 허무해하지 않으셨으면 합니다. 이제, '내가 책을 왜 냈더라?' '왜 내고 싶어했더라?'에 집중해서, 책을 출간했으니 그와 연결하여 무슨 일을 벌여볼 수 있을지를 도모해보시면 좋겠습니다.

이제 여러분은 계속 '책'과 함께하는 삶 속으로 깊숙이 들어오셨으니까요.

특별한 이변이 없는 한, 또 책을 내고 싶으실 것이고, 또 따각따각 글을 쓰고 있는 자신을 발견하게 되실 겁니다. 글을 쓰고 퇴고하며 '내가 다시는 안 쓸 거야. 내가 왜 책을 쓴다고 했지?' 하셨던 분들도 책 한 권 내고 나면 또 쓰게 된다고들 하십니다. 마치 출산의 고통에 다시는 아이 안 낳는다 했던 엄마들이 다 까먹고 이쁜 아이 보며 또 아이를 갖고 아이를 낳는 것처럼 말입니다.

여러분의 첫 책! 쓰기와 첫 책! 출판을
진심으로 두 손 모아 응원합니다.

투고원고가 더블엔에서 출판으로 이어진 책 목록을 한번 정리해봤습니다. 이번 기회에 저도 정리를 해볼 수 있어 참 좋았습니다. 모든 책은 아니고 사례로 보여드리기 좋은 책을 선정했습니다.

무소유 육아를 권합니다

'욕심부리지 않고, 비교하지 않고, 상처내지 않는, 오롯이 아이에게만 집중하는 육아법'이라는 카피를 잡았습니다. 저자가 처음 투고했을 때 제목은 《이기적인 엄마가 행복한 아이를 만든다》였습니다. 이 제목도 괜찮았지만, 본문 중 '무소유'라는 단어에 꽂힌 제가 '무소유 육아를 권합니다'라는 제목과, 제목에 어울리는 카피를 뽑았습니다. 무에서 유를 잘 만들어내지는 못하지만, 저는 유에서 유를 잘 끌어내는 편집자입니다.

더블엔 두 번째 책으로, 한국출판문화산업진흥원에서 지원하는 세종도서에 선정되었고, 2쇄까지 찍어서 거의 다 판매된 책입니다. 현재 절판된 도서를 소개했습니다. 흠흠.

열세 살 아이와 함께, 유럽

아이와 함께 여행한 엄마의 여행기는 잘 안 팔린다고 여러 출판사에서 퇴짜를 맞았다고 했는데, 저는 참 재미있었습니다. 제 아이 세 살 때였습니다. 책 만들며 대리만족했습니다. 원고를 48개의 한글 파일과 사진을 압축하여 보내주셔서 하나의 파일로 만드는데 시간이 많이 걸렸습니다. 춘희 작가님, 힘들었쪄용~. 지금 같으면 못했을 것 같습니다. 역시 출판에는 타이밍과 운!이 중요합니다.

이 책의 저자 김춘희 작가님과는 그 다음 책《아이와 함께 여행하는 6가지 방법》《글쓰는 엄마의 이탈리아 여행법》을 함께 작업했습니다. 현재 재미있는 시리즈를 기획중에 있습니다. 기대해주세요. 사전홍보중입니다. 흠흠.

하루 25쪽 독서습관

처음 제목은 《25P 맞벌이 아빠》였습니다. 재테크 책인가? 했습니다. 내용을 보니 하루에 25쪽씩 읽는 독서습관에 관한 원고였고, 저자 본인이 맞벌이 아빠란 뜻이었습니다. 제목은 그렇게 잡았지만 글은 술술 읽혔습니다. 내용에 충실한 제목을 제가 다시 뽑았고, 그후 더블엔과 《우리는 독서모임에서 읽기 쓰기 책쓰기를 합니다》 《누구나 따라 쓸 수 있는 첫 책쓰기》두 권의 책을 더 출간하셨습니다. 독서습관을 들인 후 독서모임을 운영하셨고, 독서모임에서 글쓰기 모임과 책쓰기 모임으로 확장한 후 활발하게 활동하고 계십니다. 독서를 통해 책을 출간했고,

책 출간을 계기로 활동영역을 폭넓게 확장하셨습니다.

제주 뮤지엄 여행

처음 제목은 1) 꼭 가봐야 할 제주 박물관, 미술관 테마투어 2) 제주 뮤지엄 힐링여행 3) 예술의 섬 제주로 떠나는 문화예술기행, 의 세 가지였는데 좀 어려운 느낌이 강해서 《제주 뮤지엄 여행》으로 했습니다. 여행지로서의 제주가 아니라, 제주의 역사와 문화를 살펴보며 여행을 하자는 좋은 취지의 원고이며, 글도 맛깔스럽습니다. 만들며 고생을 많이 했는데, 많이 팔지는 못했습니다.

소소하게, 독서중독

투고시 제목은 독서산고(讀書散考)였습니다. 이 원고 전에도 더블엔에 투고를 해주셨는데 다른 출판사에서 책이 나왔고 두 번째 원고를 또 투고하신 거였습니다. 제가 독서 책을 좋아하는 데다 저자분의 글이 재미있었고 '낮에는 양계장 김씨로, 밤에는 글쓰는 김씨로 살아가는 독서중독자'라는 말이 좋아서 계약을 했습니다.

게임중독자에서 독서중독자로 변신한 과정도 흥미로웠고, 《태백산맥》 10권 필사에 성공한 저력이 글에도 나타나 읽는 재미가 쏠쏠했습니다.

김우태 작가님의 다음 책《내 인생의 첫 책쓰기》도 더블엔에서 출간했습니다. 여기 수록한 '책 만드는 더블:엔 편집장의 원고선택 tip 10'이 큰 호응을 얻은 덕분에 이 책《출판사 편집장이 알려주는 책쓰기부터 책출판까지》가 태어날 수 있었습니다.

안나푸르나에서 밀크티를 마시다

이 책입니다. 투고시 가제가 《안나푸르나 한 바퀴 삥 돌기》였습니다. 집필 의도가 좋았고, 목차는 19일간의 트레킹을 하루씩 19장으로 구성했는데 그날 그날의 상황에 맞는 속담으로 잡아서 인상적이었습니다. 1장은 '만 리 길도 한 걸음으로 시작된다' 2장은 '사람을 알자면 하루 길을 같이 가보라' 이런 식이었죠. 책을 만들며 무척 재미있었습니다. 본문은 갈색 단도(한 가지 색으로만 인쇄)로 해서 변화를 주면서, 사진은 본문 뒤로 몰아서 제작비를 아꼈습니다. 독자들은 오히려 사진이 글 중간중간 들어가지 않아서 읽는 흐름이 끊기지 않았고 글을 읽으며 상상했던 장면을 마지막에 사진으로 확인하게 되어서 정말 좋았다고들 해주셨습니다. 표지도 맘에 들었지요. (시안 3개가 다 멋있어서 고르는데 애먹었습니다. 그때 아깝게 떨어진 시안 2개도 어디 써야 할 텐데 산행기 또 만들까 봅니다)
한국출판문화산업진흥원에서 지원하는 세종도서에 선정되었고, 3쇄까지 찍었습니다.

엄마가 키워주는 아이의 말그릇

이 책은 원고로 투고를 한 게 아니라 아이디어만으로 메일이 왔는데, 글에서 느껴지는 내공이 상당해서 저자와 편집자가 함께 기획 진행한 사례입니다. 많이 팔지는 못했지만 진행과정이 무척 의미 있었습니다. 저자가 자신의 개인적인 이야기에 독자들이 얼마나 공감하고 위로를 받을지, 또 공감을 얻는 데만 그치면 안 되고 더 나아가 뭔가 더 있어야 되는데 하며 걱정을 많이 했는데, 결과적으로 판매가 낮아서 저도 육아 전문가가 아닌 보통 엄마의 공감 육아서 출간에 대해 소심해지고 말았습니다.

소연 작가님과는 에세이 (나의오늘) 작업을 함께하고 있습니다. 제주에서 두 아이와 1년 살기를 시작한 내용으로 '도시적 제주살이'에 관해 소소한 일상을 재밌게 글로 풀어낼 예정입니다. 요기도 사전홍보! 해봅니다.

반려견과 산책하는 소소한 행복일기

이 원고는 반려동물 시장이 점점 커지고 있어서 욕심이 좀

난 케이스입니다. 개인의 산책일기라 좀 걱정을 했지만 저자 최하나 작가의 활동역역이 넓어서 좋았습니다. 프리랜서 기자이고 글쓰기 강의 및 수업도 많이 하고 SNS 활동을 활발히 하고 있어서 이 책 뿐만 아니라 다음 책도 같이 하고 싶었습니다. 같은 해《직장 그만두지 않고 작가되기》를 출간했고, 다음 해에는《언젠간 혼자 일하게 된다》를 출간했습니다.

돈 버는 이모티콘 만들기

이 원고가 처음 투고메일로 왔을 때, 아는 분의 지인 중에 억대 연봉 이모티콘 작가가 계셔서, 많이 망설였습니다.

이미 한번 훑고 지나간 시장일 수도 있겠다 싶었고, 이모티콘 출시를 앞둔 신생작가의 첫 책이어서 부담감이 좀 컸습니다. 계속 고민했던 건 '진정성' 때문이었습니다. 독어독문학을 전공한 저자는 그림그리기를 좋아해 캐릭터 디자이너로 활동하고 있었습니다. 저자는 20번째 제안에서 첫 카카오톡 이모티콘 승인을 이뤄낸 끊임없는 노력의 아이콘으로, 초보자에서 숙련자까지의 모든 과정에서 얻은 노하우들을 많은 독자들과 나누고 싶어 했습니다. 너무나도 따스하고 친절하게!

처음 제목은 《누구나 이모티콘 작가가 될 수 있다》였습니다. 두 달여를 고민한 후에 어냐 작가님과 통화를 했습니다. 이 책을 읽는 사람들은 이모티콘으로 '작가'가 되고 싶은 마음 보다 이모티콘으로 '돈을 벌고 싶을' 것이니, 제목은 그 컨셉으로 가자고 했습니다. 다행히도 출간 두 달만에 2쇄를 찍었고, 3쇄도 곧 소진될 듯합니다.

나는 나와 사이가 좋다

처음 투고메일이 왔을 때 원고는 여행기였습니다. 소개해주신 브런치에 들어갔는데, 평상시 글이 더 좋았습니다. 가제 '서른여섯, 별일 없는 게 별일'로 진행하다가, 마지막에 제목을 잡느라 고생을 좀 했습니다. '나의 꿈은 비키니 입는 할머니' 등등 여러 제목이 나왔는데, 막판에 작가님이 '나는 나와 사이가 좋다' 를 말씀하셨어요. 느낌이 너무 좋아서 제목으로 결정했습니다. 에세이 시리즈 [나의오늘] 첫 번째 책입니다. 글이 따스하고 참 좋습니다.

[나의오늘] 두 번째 책은 수정 작가님이 소개해주신 김해연 작가님의 글을 엮었습니다.

《아이 앞에서는 핸드폰 안 하려구요》입니다. 수정 작가님과 해연 작가님은 같은 글쓰기 모임 멤버라고 하시네요. 이 모임 멤버분들, 모두 실력자들이세요.

작가님들~ 응원합니다!

TV는 영어로 책은 전자펜으로 쉬엄쉬엄 엄마표 영어

투고 당시 컨셉은 '놀이터 육아'였습니다. 한 줄 요약은 "놀이터에서 실컷 놀게 했더니 책도 잘 읽고 영어도 잘하는 아이가 되었다" 였어요. 엄마표 영어를 쉽게 했는데, 그 기저에 놀이터 육아가 있는 것이니 주객을 바꾸어 원고를 좀 손 보자고 제안해서 진도가 나간 책입니다.

엄마표 영어를 하다가 힘들어서 쉬다 말다 하던 엄마들은 폭풍 공감하며 읽었다고 리뷰를 해주셨습니다. 승승장구 중, 계속 잘 팔릴 예정입니다. 제목은 쉬엄쉬엄이지만.

* * *

초판에서 머문 책도 좀 있고 2쇄 3쇄 찍은 책도 제법 됩니다. 더 많이 판매되어 더 많은 독자들에게 가 닿아야 할 텐데, 책을 만들며 항상 고민합니다.

더블엔은 느리더라도 꾸준히 잘 가고 싶습니다. 앞으로 계속 조금씩이라도 성장할 수 있기를, 그 길을 멋진 예비 작가님들과 함께 걸을 수 있기를 소망합니다.

에필로그

드디어 대장정을 마치고 에필로그까지 왔습니다.

공저를 제외하고, 저도 첫 책쓰기를 했군요! 짝짝짝!!!

자축에 앞서, 쓰는 내내 마음에 걸리는 것들이 많았고, 소심함이 자꾸 차올랐습니다.

여기저기 폴더를 만들어 생각날 때마다 글을 쓰고, 키워드가 떠오를 때마다 휴대폰 메모장에 기록해두었음에도 불구하고, 진도가 쉽사리 나가지 못했습니다. 퇴고하기까지 8개월 가까이 공백도 있었으니까요.

솔직히 장강명 작가님의 《책 한번 써봅시다》를 읽고, 동력을 얻어 퇴고했습니다. 정말이지 "내가 뭐라고 책을?" 하는 마음이 들 때 장 작가님의 책을 권합니다.

"그래, 써야겠어. 기운 내서 써봐야지. 그런데, 어떻게 시작하지?" 막막할 때, 그때는 저의 이 책이 틈틈이 많은 도움이 되면 좋겠습니다.

'책쓰기'에 도움을 드리고자 쓰기 시작한 책이지만, 저 또한 '첫 책'을 내는 떨리는 신입이어서 그 마음을 헤아리며 꾹꾹 눌러 썼습니다. 곁에 두고 자주 읽히는 책이 되면 좋겠습니다.

아주 날것의 원고를 읽어주시고 피와 살이 되는 피드백을 해주신 민정님, 미소님, 퀸스드림님 많이많이 감사합니다. 퇴고의 방향을 잡는 데 정말 큰 힘이 되었습니다.

너무 귀엽고 멋진 일러스트를 그려주신 르방이 작가님, (표지그림을 5월에 주셨는데, 세상에… 해를 넘겨 1월에 책을 출간합니다!) 늘 제가 감탄하는 북디자인을 해주시는 빛깔 올리비아님께도 감사드립니다.

출간 전, 마지막으로 도움 주신 김수정 작가님과 퀸스드림 김여나 작가님(날것과 마지막 버전, 두 번이나 봐주셨어요. 격하게 감사드립니다)께도 사랑을 담아 감사의 인사 올립니다.